太陽旗下的制服學生

彭威翔 著

導讀

呂紹理
—臺灣大學歷史系教授

如果有哪一樣日常物品，可以讓兩、三個世代以上的人們七嘴八舌地分享或討論，勾起大家同中有異的記憶，「制服」無疑是難以取代的物品之一。

大凡進過現代學校讀書的人，沒有哪個人不會有穿著學生制服的經驗，即使在九十年代以前的大學生，每學期也都會有那麼幾次必須穿著卡其色「軍訓服」參加週會的場合，就更不用提高中以降各級學校學生必須朝暮相處的制服了。戒嚴時代的制服，整齊劃一，大概除了北一女和臺中女中以及一些私立學校之外，其餘各校的制服千篇一律的卡其色或白色，冬天加上藍色的外套。胸前或藍或黃或白的校名和學號，成了這整齊劃一之中唯一可以辨識不同群體及個人的標示。

不過，在這看似森嚴的卡其帝國下，微渺的人們還是用一些看似瑣碎的方式，勉力想要掙脫這單調而令人窒悶的服裝大軍，奮力表達自我的個性，或者，即便並不清楚自己的個性是什麼，但就是想表達不甘和別人一樣的心情。把書包背帶拉長及地、書包翻蓋抽鬚，或用原子筆畫上各種圖樣和字詞；直筒褲改為喇叭或窄管；圓盤帽用力擠壓成好萊塢形象中納粹黨衛軍的樣式；或者裙子長度在膝蓋上下游移、西瓜皮的髮型上暗渡各式髮夾，或者再進一尺燙成波浪捲的西瓜。

雖然有這些反制服的「革命烈士」奮力抵抗，制服卻也是大多數人安居其身的皮囊。不想當烈士，只想求安穩的人，大隱隱於市，制服是在人群中最好的避風港。群體的力量，讓身處其中的人們感到安全，領袖、主義、國家、老師、教官、父母，都是人生的導師，循著他們的腳步，我們自認可以安全地、穩妥地走過苦澀的青春。另一種擁抱制服的人，是制服給了自我新的身分與地位，在不是人人都能唸到較高學位或者名校的時代裡，高校名校的制服有如名牌服裝一般，成為身分位階的表徵。

然而，不是每個人都能擁有自己的卡其制服，「卡其帝國」的制服資源曾是家族「共享經濟」的表徵，弟妹繼承兄姐的汗水，兄姐繼承親戚的汗水。卡其帝國下的制服，浸潤著家族代代相傳的辛與酸，直到它露出破綻、無法縫補。於是在相同的卡其帝國下，制服的新與舊、材質的良與窳，剪裁的合與不合，成為大家在細微中辨識身分、地位心照不宣的線索。

可是，卡其制服帝國是怎麼產生的？是什麼因素，讓原本日常生活中不曾存在的制服，百年後卻成為莘莘學子得日夜操煩的東西？是什麼力量，讓這個安居其間又束縛人們的制服，在脫下它後卻又依戀不捨，成為大家可以相濡以沫的記憶？

想要解開上面的疑惑，就不能錯過《太陽旗下的制服學生》這本可帶領我們揭開「制服帝國」身世的導航書。作者彭威翔老師任教於花蓮鳳仁國小，並於二〇〇六年起就讀政大臺灣史研究所碩士班。他在修習我所開設的「近代臺灣社會文化史」時，擇定了「日治時期臺灣學校制服」做為碩士論文的研究方向。修課期間，他奔波於臺北花蓮之間，開始撰寫論文後還要同時兼顧小學的教學與行政，十分辛苦。但他卻寫得津津有味，樂在其中。二〇一〇年他高分通過口試順利畢業，呈現在讀者面前的這本書，即是威翔根據碩士論文改寫而成的精采作品。

這個題目與他自身在教育現場的生活文化十分貼合，不僅僅只是學術論文客觀遠眺長時段歷史變貌的書寫，更有個人近身觀察與經驗的投射，就像第一章以二〇一〇年臺南女中千名學生集體脫褲事件和二〇〇八年東吳大學全校制服日兩則新聞做為啟始，很鮮活地點出制服在高中到大學間兩種頗為矛盾的情感轉換，激發讀者的好奇，從而產生進一步探索制服歷史的興趣。

然而，這本書並非只是想要挑起我們的懷舊情緒而已，「被制服」這個關鍵詞才是威翔想要探索的核心問題：究竟是什麼制度條件、社會脈絡、文化價值，讓穿在學生身上的衣服，可以施展出控制學生的法力？這股力量，要在什麼條件下才得以漸漸消解？

故事的起點必須連結到近代民族國家的崛起，近代東亞世界中清朝與日本同步追求富國強兵的軍國民教育，成為日後臺灣接收此制服文化的兩個源頭，而日本殖民體制更是將制服這樣的制度帶進臺灣的始作俑者。如同威翔在〈自序〉中精要地提醒我們：「制服」既然是政府由上而下所設計的服裝，在探尋它發展與變遷的過程時，就不能忽略不同階段政府的政策態度、教育措施的變化，也不能忽略外在大環境中近代服飾文化的變貌。政府政策和服飾文化這兩條經線下，映疊出制服的四個面向：男／女性別在制服變遷上的異與同；漢衫、和服與西服相互爭輝的變化，制服顏色所賦予的文化識別意涵，與制服相生相隨的帽子、徽章、鞋子、運動服等配件。穿梭在上述經線之間的，則是由制服所規定出不同學力的學生身分、維繫制服秩序的各種規範與懲處，以及時人對制服的諸多看法。如此經緯交錯，構成生動活潑制服歷史。

循著上述經緯線，威翔按照統治初期、同化時期及戰爭時期等時序變化的軸線，娓娓道出制服的前世與今生。他提醒我們，「制服」並不是日本殖民者在一開始統治臺灣時，腦中就已經設計好它的形狀、樣式、顏色和各種規矩，如同其他日本殖民統治的策略都是在摸索中慢慢形成一樣，統治最初的二十年間，臺灣各級學校的制服百花齊放的現象，呼應了殖民初期章法紊亂的統治窘境，此時的「斷髮放足」仍在「舊慣溫存」階段，因此，漢人學生赤腳、纏足、辮髮上學者所在多有；日籍學生著和服，臺籍學生穿長衫、原住民穿「番服」，好不熱鬧！然而隨著殖民政府控制力的強化，一九二〇年代以後洋式制服與當時流行的洋服同步，逐漸成為官方認可甚至推廣的學生制服；一九三七年中日戰爭爆發後，制服也反映了戰爭的需求與氛圍，而有「國防色」和「迷彩裝」式的學生制服。透過威翔的描繪，制服具體而微地成為我們可以辨識時代變遷的重要符號。

本書的第二部分則是帶領讀者到學校現場，一睹當時各級學校男女學生、日臺學生的穿著，配合豐富的照片、時人描繪與口述回憶，我們得以進入以黑、白、紺（深藍）、卡其、茶青等色為主的學生制服世界，以及在這個顏色識別系統下以斥責、體罰等各種懲處手段維繫它所欲標舉的秩序。不僅學生著制服，老師為人表率，尤其是男性教師很早就被納入文官制服的系統，因而讓文化協會成員對文官及教師制服規定配刀一事提出嚴厲的批評。然而，文官制服製造出的威儀卻讓許多人產生期待能附身其上以便獲得眾人敬畏欽羨的眼光。

身著制服的學生、老師，眾人會抱以欽羨目光，不僅因為服裝特別設計出威儀感，還因為價格不斐，因而能著整套學生制服，必是中流以上的家庭方有可能，昂貴的價格成為制服烘托社經地位的表徵。威翔也非常細心地告訴我們，制服所映射的經濟地位，也成為贊成及反對全面制服化輿論中爭辯的焦點之一，透露出即便制服包裹著公平、素樸、整齊等正當性的論述，它卻也自始至終在畫出各種身分、性別、階層的界線，因而表面上追求整齊畫一的制服，實際上仍然承載著既有服飾文化中社會區分（social distinction）的各種元素，並且透過各種罰則以維繫秩序。近代制服就是透過每日日常的穿著和規範，讓它所代表的身分、秩序內化到每個人的肌膚，成為我們既依托其內又想掙脫於外的游移經驗。

二〇一六年五月二十日教育部宣佈鬆綁服儀管制，在校就讀的學生終於可以擺脫此一服裝的「制服」，不過，百年的學生制服並不會因此一政策而立即消失，在可見的未來時光裡，制服代表的秩序與認同仍然會有它的生命力，只是，它將不能再依附在政府由上而下的權力管束之下，而必須與千姿百態的日常服飾一爭長短來延續它的活力。

威翔的這本書，初稿成於臺南女中制服抗爭事件之年，而出書則在百年制服解禁後三年，本書的出版，一方面提供吾人回顧制服進入臺灣的前五十年歷史，讓我們了解制服得以由無到有、深入臺灣社會的諸多條件；另一方面也可以做為時代見證，看到本書與晚近十年臺灣民主化與學校教育自由化的發展。做為他碩士論文的指導老師，我非常高興這本精采有意義的論文能以新的樣貌出版，讓更多人看到威翔努力的成果，也可重新思考制服、服飾文化、生活歷史中幽微卻深遠的影響。爰以數語以為本書之序。

自序

這本書的出版，對我而言是個意外。此書由筆者就讀政治大學臺灣史研究所碩士論文改編而成的。首先要感謝當時的指導老師呂紹理教授，呂教授戮力於日治時代臺灣社會生活史的研究，其風趣、睿智以及對於歷史研究的認真態度，令筆者佩服不已並深受影響。沒有呂教授，就沒有這本書的問世。

當初論文之所以選擇這個題材，除了筆者在國小服務，對教育有一股熟悉、親切感外，其次是偶然看到新聞媒體對於學生服裝穿著的相關報導，在教授的鼓勵下，對這個題材產生興致。

社會生活史的研究最大的挑戰在於，它不像政治、軍事研究一樣有豐富的文獻可供參閱，雖然與民眾的生活息息相關，但因為缺乏系統性保存的史料，而必須不斷在斷簡殘編中爬梳整理，其雜亂繁瑣且曠日耗時，然而過程中卻驚喜不斷，饒富趣味。

本書主要分成三個部分。第一部分是從時間軸來觀察臺灣的學生制服，先說明制服的起源，包含其意義與來源，並簡介制服傳入日本的過程與清領臺灣時期的學生服裝樣貌。接著觀察日治時期的臺灣學生制服，嘗試將五十年的日本統治劃分為不同階段。然而，在此必須聲明，日治時期學生制服的變化，與統治者的殖民政策、教育措施乃至當時民間社會的服裝潮流息息相關，因此說明各階段的制服發展時，有必要對各階段的殖民政策態度、教育措施內容及社會服裝風格逐一闡明，才能有助於我們更加了解學生制服變化下的內涵與因果。

第二個部分從空間的面向著眼，觀察日治時期臺灣不同階層的學校中，學生制服的細部樣貌與變化過程。最後，針對制服的配件、學校教師的服裝、服儀檢查、制服價格、購買力及不同角色，對學生穿制服的觀感、想法加以探討。

我希望透過這本書，讓讀者對七十年前日治時期臺灣的學生制服發展樣貌有初步的認識。當然，由於筆者才疏學淺，書中諸多謬誤和不足，祈望先進前輩不吝指教。感謝左岸文化出版拙作，和藹可親的龍傑娣總編輯包容我因為工作、家庭的關係所造成的拖延，並在過程中給予最大的體諒與鼓勵。還要感謝出版過程中參與的編輯，沒有你們的協助，此書無法順利出版。感謝曾經共同向中研院臺史所許雪姬所長修習課程的已故吳奇浩學長，您的博論《洋風、和風、臺灣風：多元雜揉的臺灣漢人服裝文化（1624-1945）》帶給本書莫大的幫助。最後，感謝周遭的同事、朋友為我加油與打氣，以及家人們的支持與陪伴，謝謝你們。

上　公學校學童正在閱讀臺灣總督府編纂的國語課本。

下　南投霧社的原住民，在統治者鼓勵推動下，婦女與兒童開始穿著和服。圖片來源：朝日新聞社，《南方的據點・臺灣：寫真報導》，1944 年。

第一章

【細說從頭——制服的起源】

CHAPTER · 1

老一輩講古一般都是從「古早古早以前」開始。幸好，說到學生的服裝不需如此，畢竟臺灣學生制服的出現距今不過百年光陰，我們只需從日本統治臺灣開始說起……。在，先看看兩則新聞報導。

臺南女中近兩千學生集體「脫褲」抗議

〔記者黃文鍠、林曉雲、陳怡靜／綜合報導〕為爭取「制服發聲權」，臺南女中全校同學在十五日上演「脫褲抗議」活動！當天升旗典禮時，事先以簡訊串聯的兩千多位同學，有八成在操場上集體脫下長褲，改以預先穿在長褲內的短褲亮相，整個過程雖然只有短短幾分鐘，但同學們「團結一致」的行為，讓師長大吃一驚。（中略）。同學們在上星期私下串聯，分別透過發簡訊、架設「南女短褲幫」官方網站傳遞訊息，在三月十五日升旗時，先依照規定穿著長袖衣褲的冬季制服出席，升旗結束校長準備致詞時，突然一起脫下長褲，露出預先穿在裡面的短褲。——《自由時報》二〇一〇年三月十八日，第一版

……………………………………

東吳制服日　另類聯誼日

〔記者謝鎔鮮／臺北報導〕大學生每天跑堂上課，人際關係較高中疏離，東吳大學今天舉辦全校制服日，號召各系大一、大二學生穿回高中制服，校園裡「百花齊放」，制服日更成另類聯誼日，不相識學生透過制服「認親」，頓時拉近不少距離。——〈東吳制服日另類聯誼日〉，《聯合晚報》，二〇〇八年十月十四日，第A8版

……………………………………

這兩則關於學生制服的新聞報導，前者敘述高中女生對於過於嚴密的制服規定而產生的反彈，後者反映的卻是學生進入沒有制服的大

學後，對於制服的回味與依戀，兩者呈現出一種極端有趣的反差現象。我們的疑問是，為何大部分高中學生避之唯恐不及的學生制服，在大多數沒有制服的大學生心目中，卻如此再三回味不已呢？

或許這個問題沒有正確答案，但可以確信的是，學生制服是所有人求學生涯共同擁有的歷史記憶。例如在中研院出版的《藍敏先生訪問紀錄》中，日治屏東藍家望族後代藍敏女士，曾回憶日治時期就讀臺北第一高女時的制服經驗，字裡行間充滿著眷戀。

> 我們夏、冬均著百褶裙。冬天為深藍色制服，有三條線，戴呢帽，穿皮鞋；夏天裙子較薄，白色上衣，白帽、黑鞋……出校門之後也不能穿便服，必須穿一高女的制服，因為大家都以身為一高女的學生為榮。

相較於過去對於學生制服嚴格的規定，由於時代的變化、社會的進步，制服的解放因此成為可能，現今學生在衣著上和過往相比有著極大的自由和自主。然而，制服究竟從何時開始成為學生求學經驗的共同回憶呢？或許有人猜出臺灣學生制服始於日治時期。學生制服最早出現在日本統治臺灣之時，距今也有百年光陰。然而，經過一個世紀，學生制服究竟經歷了哪些改變呢？這些改變又是什麼因素驅使呢？欲明瞭其中的變化，是個有趣的歷史探索，現在讓我們一同乘坐時光機，一探學生制服的演變軌跡。

• 一 • 制服的意義

> 制服厲行的目的是在養成學生的自制心且期望學生活動得更加敏捷。
>
> ——〈日日小筆〉，《臺灣日日新報》，一九一八年九月二十八日，第八版

為什麼學生會有制服？學生穿著制服代表什麼樣的意義呢？

「制服」英文為Uniform，教育部辭典的解釋是「規定一定樣式的服裝」，日文是せいふく，意思是「規定的衣服」。日本學者佐藤秀夫認為制服是「特定身分、階級、職業、團體的成員，為了限制其言行舉止，有義務穿著一定的服裝，此服裝具有被規定或被統制的意涵」。

因此，所謂的制服是所屬特定集團穿著一定樣式和顏色的衣服，不僅如此，連穿著時的方式、穿著的時機乃至穿著時的感覺都有要求。軍人穿著相同的衣服稱為軍服，警察穿著相同的服裝則為警察制服，

而學生制服即是學生穿著規定的衣服。

由於穿著規定的服裝，因此制服可以被視做一種標誌，代表著穿著者的身分象徵，明白顯示自己和別人的差異，也可讓社會予以分辨。

另外，制服也具有消除身分差別的功能，也就是個體穿著制服時，已不再屬於單一的「個我」，而是成為在社會規則中，代表特定身分、地位、階級的「群我」。

例如，警察的制服在社會規則中代表的是公權力；軍服在社會的意義是愛國、服從；至於學生穿著制服，則必須符合社會大眾對於學生應有言行舉止的形象，因此學生制服不再只是單純的外觀美麗與否，更重要的是其背後所代表的意義。

於是，在日治時期一九一九年三月十一日，臺灣最大的報紙《臺灣日日新報》對於學生制服曾有這樣的表述「學校學生的制服主要在使學生在坐立或從事活動時較為方便，同時對於學校的形象、學生的自尊心及自重心均有所助益」。

二　洋服・制服與日本

臺灣的學生制服源於日本統治之後，採行西洋服的樣式，在此有必要了解一下洋服與學生制服傳入日本的概況與經過。

●洋服的傳入●

所謂的洋服是從西洋服而來，也就是從西方國家而來的服裝，與日本故有的「和服」相較，兩種服裝具有截然不同的歷史，是在不同的風土、環境、氣候、人情中孕育出來的。

日本最初接觸到洋服，是十六世紀由葡萄牙人傳入，然而對於習慣穿著和服、具有強烈武士自尊心的日本人而言，是難以接受的，而後隨著德川幕府的鎖國政策，日本進入了鎖國時代。

直到一八五三年、史稱的「黑船事件」，培理（Perry）[1]率領美國艦隊東來日本，才終結長久以來日本的鎖國政策。迫於外國船堅砲利的強大軍事力而不得不重回世界舞臺的日本，體認到西洋式軍備的急迫性，在採用西洋式軍備的同時，也引進了軍服，並連帶促使洋服傳入日本。

隨著黑船事件的發生，日本德川幕府的鎖國政策崩解，西方強國勢力接二連三進入日本。在西方帝國主義的侵略下，日本面臨被殖民地化的危險，為了因應此危急存亡的局勢，而有了「明治維新」的倡議。

明治維新以「殖產興業」、「富

國強兵」與「文明開化」為三大目標，藉由急速的西方化，提升日本的國力以因應變局。在「文明開化」方面，其用語為福澤諭吉[2]（現今一萬日圓紙鈔上的人像）自英語的「civilization」翻譯而來，而後成為流行用語，指的是包含：食、衣、住等各生活面向的西洋化，而洋服即成為在衣著領域開化、文明的進步象徵。

日本政府的「明治維新」政策，在衣著方面意圖推行洋服。事實上，早在幕末時，就曾以軍服為始導入洋服了；進入明治維新後，對日本人而言極為陌生的洋服，最初在公部門出現，而後這股洋服化的風潮逐漸從軍人擴及到郵差、官吏、警察、鐵路員工甚至學校學生。

●學生服裝●

「若服裝沒有一定，則會產生學生之間彼此對於服裝競逐的弊病。」

——《學習院百年史》

隨著明治維新改革的進展，日本制服的起源以軍服為嚆矢，並在一八七〇年代左右擴及至各行政機關，包含：郵差、官吏、警察、鐵路員工甚至學生，都全面換成洋服，而日本學生的制服概念，實際上是從軍服而來，強烈地具有適用男性的傾向。

一八七一年，日本海軍兵學校及陸軍士官學校就以統一化的軍服為服裝，而制定今日所稱「制服」的學校，首先從少數中等以上的男學校開始，例如：學習院（日本私立貴族學校，大多數的皇族均就讀於此）在一八七九年，制定了海軍士官型的制服，夏季是白色，冬季是紺色（顏色近似於深藍色、藏青色與深紫色），這就是日本學校制服的起源。

一八八二年，日本政府規定以洋服為官立學校的學生制服，而後各學校陸續以洋服做為學生制服。例如：一八八六年時的帝國大學、高等師範學校、第一高等中學校等。文部省（等同教育部）甚至在同年的訓令第四號，藉由師範學校男學生的學費支給要點，規定全面採用洋裝制服，這點也與往後，臺灣的國語學校透過公費支付、規定學生穿著制服的作法如出一轍。

在日本，以洋服做為學生制服漸被各校採用，背後的一個重要因素是歐化政策下兵式體操[3]的導入。森有禮[4]擔任文部大臣（文部省的最高首長，等同教育部部長）時，大力提倡兵式體操。當兵式體操做為學生的必修課題時，顯然地，學生原有的和服裝扮並不合適。

因為軍式訓練需有軍式服裝，因此，自一八八六年起，便模仿陸軍的戰鬥服，以高等師範學校為開端，制定了制服、帽子與鞋子，而「黑色、立領、金釦」也成為男子學生制服的常見型態。起初，這套服裝稱為「演習服」，主要在軍事訓練、行軍旅行時穿用，之後則擴及至一般授課時間也要穿著。

以「黑色」做為制服的主要色調，不僅為學校學生的慣例，包含：警察、官吏等的制服也大多是黑色色調，這是由於文明開化時期導入的物品是鐵製的巨大文明利器，諸如：汽車、火車、馬車；至於禮服、皮鞋、禮帽等也都是黑色色調所致。因此，黑色可說是文明權力的象徵色調。

不同於男學生在一八八〇年代後，漸以洋服為其學生制服，且確立後就極少改變，女學生的服裝卻歷經了相當複雜的變化。

明治維新後的日本，洋服被認為是做為男性的一種象徵，而在公領域的場合日益普遍，然而，在當時受家父長制、儒教傳統影響的日本社會中，日本女性被認為應具有貞順、靜淑、溫和的「女性形象」，和服這種活動受限的服裝，恰巧適當地詮釋了這種「女性形象」。因而當時，社會上的日本女性普遍仍穿著傳統的和服。

一八七二年，日本首間正規女學校——東京女學校正式成立。設校之初，女學生該穿什麼樣的服裝就成為議論不休的話題。文部省認為，傳統的女性和服並不合適，因而提出以「洋服」做為女學生的服裝，然而卻未得到同意，之後再提：以「羽織」及「袴」[5]做為女學生的服裝，但也以「穿著羽織與袴會使男女之別並不明確」的理由遭到駁回。經過一番波折後，最後才定調以「男袴」做為女學生的服裝。

然而在一八七五年，東京女子師範學校的開學典禮上，當女學生上半身穿著女用和服，下半身卻穿著官方配發的紺色男袴，並踏著草鞋出現時，這種滑稽的組合令出席開學典禮的日本皇后也不禁笑了出來，事後也遭受到外界的猛烈撻伐，甚至認為，女學生的這種怪異裝扮是一種國恥。

由於遭到了以男性為勢力為主的社會反彈，認為破壞日本社會的傳統女性觀。因此不到幾年，學校便禁止了男袴，並讓女學生改穿回女性傳統的和服。一八八三年，文部省正式下令，禁止女老師及女學生穿著男袴和皮鞋。

明治維新前，日本遭到西方帝國主義列強的入侵，被迫簽定不平等條約，而隨著明治維新的開展，日本除了藉著西化提升國力外，也企圖與列強展開廢除與修訂不平等條約的交涉。於此背景之下，為了向歐美各國展現日本與西方具有相同的生活水準，以利不平等條約的交涉，進而爭取國家主權。一八八三年，日本政府所費不貲，在東京建造了名為「鹿鳴館」[6]的建築物，做為當時上流社會人士的社交場合。此鹿鳴館的落成，被認為是日本歐化主義的展現，這個時期因而也被稱為「鹿鳴館時期」。

鹿鳴館時期，許多外交官員與上流人士，男性著正式西服，女性著洋式禮服，在鹿鳴館內翩翩起舞，慢慢地，象徵文明開化的西洋衣著，在日本新政府的大力推動下，漸漸滲透當時的日本社會。

影響所及，東京女子師範學校女學生的服裝，在一八八五年也由女性和服換成洋裝（Bustle）[7]，而與皇族關係密切的華族女學校在一八八七年，也制定了洋式的制服。

女學生的洋式服裝，隨著國粹主義的興起及鹿鳴館的結束，短短幾年內又復歸和服，穿著名為「行燈袴」[8]的女袴。一八九〇年，華族女學校開始改穿女袴，東京女子師範學校也隨即跟進，因此，在一八九七年左右，女袴普及全國各地，形成一股「海老茶式部」（指類似暗褐色、茶紅色的海老茶色）的風貌。

| 上　穿著男袴的高等師範學校女子部的學生。

| 下　1885 年以後，換穿洋裝 Bustle 的高等師範學校女子部的學生。圖片來源：谷田閱次、小池三枝《日本服飾史》。

但無論從健康、經濟、學生活動等面向來看，女袴在本質上都存在著許多缺點。因此，社會上也開始出現改良的呼聲，但改良後的服裝卻仍無法與洋服相提並論。再加上一九二〇年代後，運動風氣的興盛——洋服因讓身體在運動時顯得較為輕便，並提升運動的樂趣等諸多原因，讓女學生的服裝有了洋服化的必要。

因此，從一九二三年關東大地震的契機到一九三〇年代為止，日本全國各地的高等女學校都陸續制定了洋式制服，原為改良服的上衣被水手服（第三章將詳加說明）取代，改良女袴則修正為裙子。到了一九三〇年代中葉，女學生大多已穿著水手服為主的洋式制服。

三・清代的學生模樣

臺灣成為日本的版圖之前，為大清帝國轄下的領土。在說明日本統治下，臺灣學生制服的歷程以前，我們首先一窺清朝時期的學生模樣。

●臺灣漢人的服裝●

傳統臺灣社會的人口組成，除了最初即居住在島上的原住民之外，多來自大陸的閩、粵兩省，其生活習慣與風俗自然也承襲了大陸華南地區的文化。因此，清代臺灣住民的服裝樣式大致類似閩粵兩省，但隨著時代變遷而稍有變化。服裝樣式主要為便服與禮服兩大類，並依男、女之別而有所不同。

便服即「通常服」，也就是平常穿著的服裝。男子便服分成上、下兩部分，上半身為「衫」，下半身為「褲」。這種稱為「臺灣衫」的上衣，主要有兩種：其中一種是「大裪衫」，鈕釦在旁邊；另一種「對襟衫」，鈕釦排則在正中央。褲子則類似西式長褲，但較為寬鬆、便於活動，且不在腰部使用鈕釦或皮帶，而以一條細繩繫在腰部，一般稱作「水褲」。

在女子便服方面，除了上衣和男子便服相同、使用大裪衫之外，另外還有琵琶裾、直裾等樣式，這些多為大裪衫的改良與變形。其雖與男用的便服相同，但在裁縫、裝飾、質料、色彩上仍有所差別。女子下半身同於男子，都穿著褲子，由於差別並不那麼大，因此若使用同一布料製作，往往男、女生可以通用。

禮服不同於便服，主要因應婚喪喜慶等特別的節日而穿著。男用禮

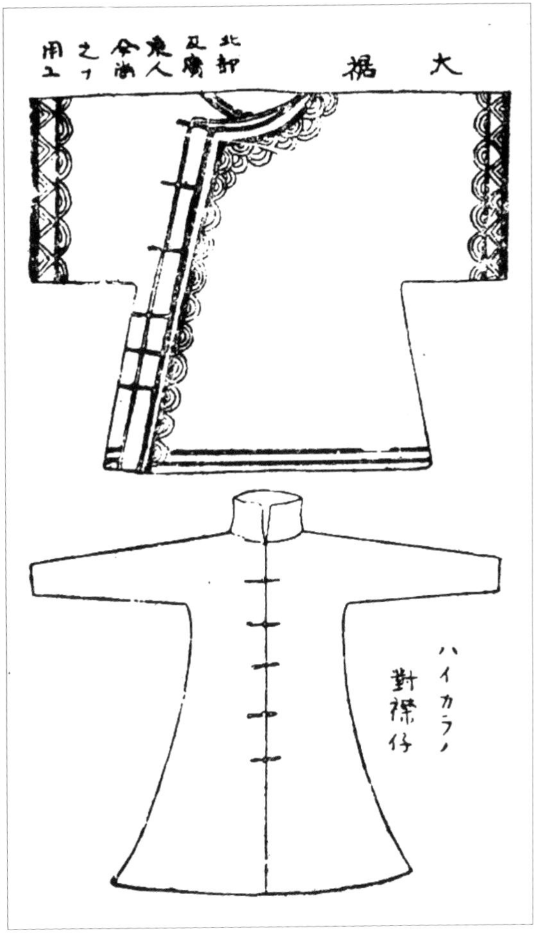

｜右　臺灣漢人傳統便服的上衣形式，從鈕釦的位置來看，可分為兩種：上圖為「大裪衫」，下圖為「對襟衫」。圖片來源：片岡巖，《臺灣風俗誌》。

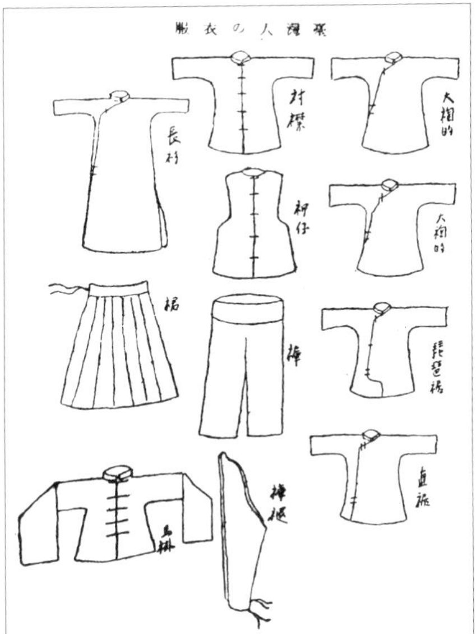

｜下　臺灣漢人的衣服型態，包含：上衣、褲子、裙子、長衫及長褂等。圖片來源：東方孝義，《臺湾習俗》。

服的上衣形式類似一般便服，但長度長達腳跟，稱為「長衫」，並在外頭套上「長褂」；下半身最裡面穿著襯褲，外有長褲，並在最外面綁上類似綁腿的「褲腿」，然後將褲腳結束起以方便行走，最後戴上瓜皮帽、穿上便鞋，如此便為男用的正式禮服。女用禮服通常是在便服中選出品質最佳者做為禮服，下半身則穿著百褶裙。

●清代的教育與學生服裝●

清朝統治下的臺灣教育依循大陸，以傳統的儒學教育為中心思想，士為四民之首，讀書目的在於應試科舉，以求入仕為官，進而光宗耀祖。清代的文教機關分成官學與鄉學。官學顧名思義為官方所辦，鄉學則為民間興設。官學有府儒學、縣儒學、書院及義學（或稱為義塾）四種；鄉學則有社學及民學（通稱書房或私塾）；上述教育機關設置的最終目的是參加科舉考試。

在課程內容方面，學生的研讀與學習以科舉應試的內容為主，包含：《四書》、《五經》、《三字經》、《百家姓》、《千字文》、《左傳》等中國古代的經典。

在上課型態方面，以當時臺灣社會最普遍的書房為例，由富紳獨力或街坊集資聘請老師開課。開課地點除了特定地點之外，也有在教師的家中進行。教師收取一定的束脩（學費），並實施個別化的教育。

至於學生們的上課情形則如下：一大早，學生進到書房裡，先複習前一天學習的內容。接著，學生們站在老師前面，逐一背誦前一日的功課給老師聆聽，老師趁此機會標明當日回家作業。然後，學生們各自練習寫字，老師則從旁隨機指導，直到中午才結束。

中午休息一、兩個小時後，下午開始學習新進度。老師會先教讀漢文並講解內容，學生則邊學邊複誦，等到多數學生熟記無誤後，老師才會繼續往下教，若當日已達進度，則會讓學生繼續練習寫字，直到夕陽西下，才結束一天的學習。

從清朝學生們的上課情形來看，其與今日的學校可謂有著天壤之別。這是因為，他們的學習全為應付日後的科舉考試之故，因此教育對象主要以男性為主，鮮少看到女性。即使有一、二名女性參與其中，也僅限富紳之女，她們的目的是學習簡易的識字能力。畢竟在中國傳統的「男尊女卑」觀念之下，女性只要能涵養婦德，扮演好賢妻良母的角色即可。

除了傳統書房的教育之外，清代末期也有所謂的新式教育機構，即西方宗教創辦的教會學校，包括：牛津學堂（今臺灣神學院）、長老教會中學（今私立長榮中學）等。這些教會成立的新式學校，和傳統的教育機構差異極大，較接近現代學校的型態。

書房教育既然著重科舉考試，對學生的服裝自然也不會多加要求。學生們並沒有所謂的「制服」，而是各自穿著傳統的中式服裝，如：大裪衫或對襟衫，下半身則穿著俗稱的「開底褲」（臀部開有一個洞口、以方便上廁所的褲子），並打赤腳上學。

第二章

【未定裝的學生服——從混亂到萌芽（一八九五—一九一九）】

CHAPTER · 2

對初次領有殖民地臺灣的日本政府而言，初期島內武裝抗日不斷，各項事物千頭萬緒，教育草創維艱，社會舊慣根深柢固，一時難以改變；因而連帶地無暇顧及學生的穿著，使得學生服因襲故有，顯得十分雜亂。

一、無方針的統治、教育與社會服飾

●殖民地初體驗●

惟臺灣乃是帝國的新版圖，未浴皇化之地。日上，島東部由曚昧頑愚之蕃族割據。故今日入臨該土者，雖須以愛育撫孚為旨，使其悅歸我皇覆載之仁，但亦要恩威並行，使在所人民不得生起狎侮之心。

——樺山資紀與地方座談之「施政方針」

首先，我們把時間軸拉回到一八九四年。當時，清朝與日本爆發甲午戰爭，隔年，清朝代表李鴻章[1]與日本代表伊藤博文[2]於日本下關春帆樓簽訂《馬關條約》，我們的故鄉——臺灣（包含澎湖）也正是被清朝割讓給日本，成為日本第一個殖民地。不同於其他早有殖民地治理經驗的歐美帝國，日本做為最後一個躋身新帝國主義之列的國家，如何有效治理殖民地——臺灣，不但廣受歐美各國矚目，也成為他們急迫且重要的課題。[3]

一八九六年，由於臺灣治安不佳、距離日本遙遠且往來不便、風土人情也和日本大不相同，日本政府因而頒布了「法律第六十三號」（簡稱六三法），採取委任立法制度，授權臺灣總督得以頒布具法律效力的命令。六三法的第一條即開宗明義：「臺灣總督得在其管轄區域內發布具有法律效力之命令。」當時，臺灣總督的權力之大，使其可以不用經過日本國會，就逕行頒布行政命

令，這種具法律效力的命令，一般稱為「律令」，而這種立法權也因而稱為「律令制定權」。

接著，我們拉回到臺灣島內的實際狀況。雖然總督府被賦予了律令制定權，但在治理初期，臺灣島內的抗日運動如火如荼，日本國內的治臺意見也紛擾不休，加上國際社會的虎視注目；因而，在內外局勢不安，且缺乏殖民地治理經驗的情況下，臺灣總督確實處於「邊做邊學」的統治狀態；這種邊做邊視情況調整的態度，一般稱為「無方針主義」或「漸進主義」。此處的「無方針」，本質上是順應現實需要、制定隨機應變的政策。總而言之，就是政府的作為顯得混亂，且隨機應變、循環不止。

馬關條約的簽訂處—日本下關的春帆樓。

當時的臺灣總督府民政長官後藤新平[4]，回憶領臺初期的窘境道：

> 領有臺灣時，我國國民有助於其政策的經驗，可謂完全闕如。……可說完全沒有可視為文明之殖民政策的準備行為。……在我奉命赴臺時，朝野上下甚至還議論著要以一億圓的代價將臺灣賣掉呢！只要看看當時報紙上的記載，便可以知道當時當局者的苦境了。

一八九五年，首任臺灣總督樺山資紀來臺赴任，他在對所有來臺官員的訓示中，提出「恩威並行」的統治政策，認為：對反抗者要予以武力鎮壓，對歸順臣服者要加以安撫。這是因為樺山資紀[5]率軍登臺後，臺灣紳民所組成的「臺灣民主國」[6]在日軍戰力的精實進攻下，雖然旋即土崩瓦解，但各地義民蜂擁而起的游擊武力抗日，著實讓日軍吃足了苦頭。

樺山資紀之後的幾任臺灣總督，最重要的任務仍為敉平臺灣各地的反抗勢力。在武裝抗日不時遍地開花的情況下，對新領地也難有完善規劃的統治方針，這種情況到了第四任臺灣總督兒玉源太郎[7]時，才出現改變的契機。

臺灣民主國藍地黃虎旗

不同於忙於敉平抗日武力而自顧不暇的前幾任總督，兒玉總督任命後藤新平擔任民政長官。後藤提出，治理臺灣應採行「漸進主義」，並認為極端的同化主義或破壞主義不適用於臺灣的統治，而應先就臺灣的風俗習慣、社會制度展開科學性的調查，再制定適當政策。在此之前，則應先採取「舊慣溫存」。後藤的這種做法，主要受到達爾文進化論的影響。他認為，人類社會與大自然一樣，必須經過長時間的緩慢進化。因而，急速改變臺灣人民的生活與想法是不智的，這種作法違反了自然的運行法則。

後藤這種「漸進主義」的政策，表面上適度尊重臺灣人民的風俗、社會，實際上卻巧妙利用了人性，有效達到籠絡人心、消弭反抗的目的。

● 摸索中的草創教育 ●

> 教育是一天都不可以疏忽的，若是突然注入新文明，養成講求權利義務的風氣，將會造成對於新附民無法控制的可能，因此在制定教育方針之時必須十分的注意。……與其追求積極方針而誤了時潮，倒不如確實採行漸進主義，才是好的見解。
>
> ——兒玉源太郎總督「臺灣教育方針」發表於地方長官會議之演講

日本治臺之初，仍不斷摸索其教育政策。過程中，他們慢慢發現，將臺灣人民同化為日本國民有其必要性，於是便採行了「同化」的教育政策。

治臺初期的首任學務部長（類似教育部長）就認為，治理臺灣需採行「同化」手段，而普及國語（日語）則是邁向同化主義的第一步。他希望透過日語教育，將臺灣人「同化」為日本人，並藉此將相關文明知識推行於臺灣，以達到「同化於文明」的目標。為此，治臺初期的臺灣總督府在教育上實施普及日語，並於全臺各地設立「國語傳習所」，招募臺灣人學國語；同時設立「國語學校」，做為師資培育的專門機構，而民政長官後藤新平在談到臺灣當時的教育方針時，也有過下列言論：

> 幾天前有人問我：「主導臺灣教育的大方針是什麼？」雖然我並不完全瞭解所謂「大方針」的意思，事實上，我還不能確定地說明大方針。……因此，就教育方針之確立，必要多大的預備，要有科學調查資料，並詳細研究新民族的風俗、習慣等資料，根據這些新的資料才會有明確的立場。然後我們必須經過一個階段，就是一實驗時期，也是無方針時期。……我肯定地說，雖然教育的基本方針還未建立，但是，已明白說出設立公學校的目的，就是要普及國語。」

從後藤的言談中可知，即便政府以無方針主義、漸進主義為統治原則，但在教育措施上，仍以公學校做為普及國語的機構，並視普及國語為邁向同化主義的第一步。

值得注意的是，表面上，後藤對公學校教育採取獎勵措施，但實際上卻是一種消極的敷衍態度，也就是：當時的臺灣人只要盡可能會說日語就行了，但語言之外的服裝、文化都可以沿襲過往，這種「舊慣溫存」的作法也充分體現無方針主義「因地制宜、因事制宜」的精神。

總之，自日本治臺的一八九五年到臺灣教育令頒布的一九一八年為止，臺灣教育並無一完善、固定的制度，而是因應實際需求發展、調整，逐漸形成臺灣人、日本人與原住民三個階級的差別待遇，也就是：臺灣人就讀公學校，日本人就讀專為日本子弟而設的小學校，原住民就讀番人公學校。殖民地教育的發展，只是為了方便日本的統治，並為此發展臺灣所需的初等教育（以普及日語為主）及初等職業教育。至於中等學校以上的教育，基本上相當不足，且極度受限。

一如學者吳文星認為，當時臺灣人的教育集中在初等教育與職業教育方面，主要是因為，統治者擔心臺灣人接受高等教育後，會產生民族自覺，進而不利於統治者的殖民統治。這一點，也充分反映殖民教育的「愚民」政策本質。

● 從頭到腳的轉變——剪辮與解足 ●

雖然吸食鴉片、蓄留辮髮及婦女

纏足等為本島向來之弊風惡習，一時亦難以遽然改易。……對於上述習俗，希轉知所屬，不宜濫發表可能傷害人民感情的談話。

——水野遵致地方行政官員信函

領臺初期，日本面對應接不暇的抗日運動，加上同時還得安撫臺灣民眾，因而對臺灣固有的社會風俗習慣，大都採取放任、不加干涉的治理原則。即使在統治政策日益明確、積極的兒玉——後藤時期，他們對語言之外的服裝、文化仍遵循「舊慣溫存」的態度，使得臺灣民眾的服飾外觀維持清朝時期的風貌，沒有立刻發生改變。這種情況直到一九一〇年代，開始解足、剪辮時，才逐漸有所不同。

總督府雖然將鴉片、辮髮、纏足視為臺灣社會的三大陋習，但另一方面，鑑於風俗習慣改變不易，加上當時的臺灣處於武裝反抗正激烈之時，因而他們擔心，若貿然禁止，恐有害於日本的統治。

這種放任臺灣陋習的情形直到第三任總督乃木希典[8]上臺後才有所轉變。一八九六年，乃木總督在一場對地方官員指示施政方針的會議上，明確說明了處理臺灣風俗習慣的原則：

本島居民自祖先以來即奉為規範之舊慣故俗，根深柢固，成為不成文法，其甚者異於我國（日本）定例，而至於有礙施政者，應予廢除，故不必論；而如辮髮、纏足、衣帽等，則需在一定的限制下漸收防遏之效，其他良風美俗則應繼續讓其保持以利施政。

一八九八年，兒玉源太郎繼任臺灣總督，其民政長官後藤新平同樣認為，移風易俗並非易事，應適當尊重臺灣人的風俗習慣和社會組織，可能的話，甚至可以巧妙地加以利用。

在採取漸進政策之後，總督府對於女性的纏足及男性的辮子雖仍放任、不強制，但仍透過學校教育及報章雜誌等管道來宣導，鼓勵臺灣人剪辮及解足。例如：一八九五年九月，總督府發行「臺灣開化良箴」，就明示了臺灣人應戒除的六種風俗習慣，而鴉片、辮髮及纏足就是其中三項。一八九八年八月六日，臺北因暴風雨來襲而釀成嚴重災情、死傷慘重，《臺灣日日新報》在風災的報導中，便提及：死傷者大都為纏足的婦女，因為行動不便、難以逃生，藉此突顯纏足的害處。

臺灣的斷髮風氣起於學校。一九一〇年年底，臺灣兩大最高學府：國語學校與醫學校的學生爭相剪髮，前者斷髮者約佔了全體的四分之一，後者則有將近半數的學生斷髮，影響所及，使得公學校的學生，也愈來愈多人響應斷髮。

一九〇七年六月一日，《臺灣日日新報》刊登了當時的臺灣總督府醫學校學生陳德誼剪去辮子後，寫下的一篇〈斷髮有感〉詩文。內容如下：

少年頑鈍無知識，辮髮長垂廿四年。今日才思多有礙，把他斷去理宜然。服裝換得文明式，思想應非昔日同。寄予臺陽諸親友，願無相笳異端攻。

從陳德誼的詩文可清楚得知，接受新式教育、學習西洋新知的他，理解辮子帶來的諸多不便與阻礙，因此毅然剪去留了二十多年的辮子。此篇文後還附有評論；評論者對於習醫者的陳德誼付諸行動剪辮，抱持著肯定的態度。

除了學生之外，與日本人關係密切的臺灣紳商，及在政府機關任職者、任教於學校的老師等人，都是較早剪去辮子的一群人。

日治時期一開始，大稻埕仕紳李春生便應總督之邀前往東京參訪。因為在當地被譏笑所留的辮子像是一條「豬尾巴」，他便憤而剪斷辮子，並提到：

予素喜西制，嘗慕改妝效顰，以為利便，奈格於清俗，不肯權變為憾。今者，國既喪師獻款，身為棄地遺民。此次東遊，沿途頻遭無賴輩擲石謾罵之苦，因是決意斷辮改妝，以為出門方便之計。

臺北茶商公會會長吳文秀，也於一九〇〇年藉法國行的空檔剪掉辮子；至於任職於新竹公學校的黃旺成，在一九一三年學校發下任命書後，除了到店裡訂購文官制服外，也旋即在朋友簇擁下剪辮。

然而，剪去辮子、換成西式髮型後，按理應搭配洋服才對。但當時，一套洋服要價極貴，一套三件式的西裝斥資二十圓至五十圓，二件式的則要十二圓至三十圓，一件長大衣式的外套約為二十三圓至五十圓。以當時擔任新竹公學校訓導的黃旺成，月薪約十八圓至二十二圓來算，一件西裝要價約當於一名臺籍教師的月薪。

因此，對一般臺灣民眾來說，這便成了斷髮剪辮後一筆極為沉重的負擔，且勢必影響斷髮運動的推廣。因此，一九一一年，臺北出現了「斷髮不改裝會」，提倡斷髮剪辮，但不改著洋服；西洋「文明的頭顱」仍可搭配臺灣的服飾，其目的就是

｜左　《臺灣日日新報》記者的剪辮斷髮紀念照。圖片來源：《臺灣日日新報》，1911年2月9日，第7版。

｜右　1899年時年36歲的辜顯榮，剪去辮子、留著西式髮型的模樣。

為了排除剪辮與穿洋服的關聯性，讓剪辮更為臺人所接受。

在此之後，臺灣各地陸續出現類似的組織，例如：基隆的「斷髮不易裝會」，臺中、臺南、宜蘭等地皆有地方人士組成「斷髮會」等，都提倡剪除髮辮，以追求進步、衛生的現代文明生活。在這些提倡斷髮組織的大力推廣下不久，全臺各地很快獲得了熱烈的響應，臺灣男性的斷髮剪辮也於焉蔚為風潮。

臺灣女性的纏足是傳統中國父權思想之下的產物。然而，從醫學觀點來看，女性的纏足同於男性的辮子，都被已西化的日本人視為不健康、不衛生、不文明的落後表徵。

其實，早在日治之前的清代，教會學校已開始推行女性的解足。例如：一八八五年創辦的臺南長老教會學校在招收臺灣女學生時，就要求女性解放纏足。一八八三年，創建於北部的淡水女學堂（今淡江中學），也在校規中規定，學生需解放纏足。

然而，基督教會的影響力畢竟有限，加上總督府擔心，馬上嚴禁纏足或將引起臺灣人民的反感並有礙於接下來的統治，才僅以宣導鼓勵代替禁止。因此，解放纏足最大的功臣，可謂大力推行的民間人士。

一九〇〇年，以臺北大稻埕醫生黃玉階為首的仕紳們，成立「臺北天然足會」，倡導解放纏足，但此男性紳商主導的解足運動成效有限。一九一一年，婦女組織成立「解纏會」，由於以女性自身的角度出發，作法與行動都較為積極，加上官方的支持，因而有了較大的迴響。

一九一四年，臺灣各地成立「風俗改良會」，提倡改革舊有風俗，這也再度掀起斷髮解足的熱潮。總督府自一九一五年起，也藉機開始利用保甲制度[9]，全面推動斷髮解足運動。

除了民間社會發起宣導活動，官方加以支持之外，另一方面，總督府也透過學校教育系統，宣導女性解放纏足之必要性。學者周婉窈在研究了日治時期的公學校教科書之後指出：教科書出現以「纏足」為題的課文，教導兒童纏足的壞處，明示官方期望臺灣女生不要再繼續纏足。

此外，學校的課程與活動也促進了女性的解足。因為開始上學的女學生為了參加不利於纏足的遠足旅行或體育課，於是開始爭相解足。一九一一年，臺中公學校的五十名女學生中，僅有三人纏足，這是因為：「蓋以女生就學，纏足自知不便，凡屬體操旅行之時，寔深困苦，以是互相觀感，遂能復其天然」。

在臺灣民間社會的推動、女性的領導，加上官方與學校的鼓勵推廣後，女性解放纏足的觀念已漸為一種風潮。據統計，一九〇五年，全臺纏足的女性高達百分之五十七，一九一五年，纏足人口已降至百分之十八。十年間，解放纏足獲得了廣大的成效。

剪辮解足的推行，讓臺灣的男性與女性在外觀上產生了劇變。在此之前，臺灣人的服裝大都延續清朝時期的衣著樣式，男性以長袍馬褂或上衫下褲為主，頭戴一頂瓜皮帽；女性上半身著大襟衫，下半身則穿長褲或長裙。

隨著臺灣男性剪去辮子，搭配西式髮型，他們也開始穿著洋服。事實上，在一九一〇年代，斷髮風潮開始前，學生與商界已開始流行西洋服飾了。一九一〇年，《臺灣日日新報》上的一則報導說明，當時臺北市的流行物品，諸如：西洋帽、金邊眼鏡、洋式皮鞋等當中，就包

1 一九一一年穿著長袍的成年男性，兩側的小孩則穿著對襟衫，下半身為長褲。

2 一九一一年，臺灣年輕女性的中式服裝穿著受到洋服的影響，逐漸變得較為狹窄合身。

3 日治初期，臺灣男性穿著傳統的中式服裝，頭上仍留有辮子。

4 一九〇〇年左右穿著傳統中式服裝的臺灣女性。

含了洋服在內。

斷髮後開始換穿洋服，洋服的需求量大為增加，洋服店也因而生意興盛，當時的報紙也有類似報導：

> 洋服店生意繁榮。斷髮者都新訂做洋服，且中等以上的紳士會訂製詰襟、三件式禮服等到達六、七件，同時新訂製的洋服價格大部分都到達兩百圓左右。

雖然斷髮會這類組織，強調斷髮不需改裝，但多數男性仍然認為，只有穿著西洋服裝，才能搭配斷髮後的西洋髮型。

話雖如此，卻不代表臺灣男性購買洋服後，就只穿洋服而已。洋服在斷髮後，在臺灣人的生活中雖然變得較為普及，並成為男性的主要穿著選擇之一，但臺灣服並沒有被完全捨棄；此時，臺灣服也因為受

5 一九一〇年代，逐漸從寬大走向合身型式的臺灣服。

6 一九一七年上著中式衫，下著西式裙的臺灣女性，呈現了臺灣服飾中西並存的面貌。

7 穿著對襟式臺灣衫的成年人與小孩。正中間的人外面套上洋式長大衣，腳上著西式皮鞋，右側的女性與兩位小孩也都穿了皮鞋。

6 5 | 2 1
7 | 4 3

洋服影響，而從原本的寬大型逐漸走向狹縮、合身的樣式。

臺灣女性解放纏足後，開始穿上西式的皮鞋。女裝也同於男裝，受到洋服因子的影響，使得傳統女性的中式服裝，上衣袖口逐漸變窄，領子變高，長褲褲管也朝變窄、變合身的方向發展；下半身的穿著方面，西式裙取代傳統中式裙的穿著逐漸普及，甚至有整體洋服化的傾向。

臺灣人的服裝，在同時受到西式、日式與中式等多重因子影響，朝向多元化、多樣化的方向前進，這從當時的照片中，服裝上呈現的中西合璧樣貌得到印證。

二・從混亂到萌芽的學生服裝

我在公學校時，上學穿臺灣衫，日本人也不會管我們穿什麼。臺灣衫是布衫，通常是長衫，又分兩種款式；男衫都從中間對襟開布鈕，女衫是從旁開斜襟，也是布鈕。

——百歲人瑞孫江淮先生訪問紀錄

●領臺初期的混亂（一八九五—一九一〇）●

首先，以下為一八九六年，關於南臺灣的恆春國語傳習所學生服裝的描述：

學生全部赤腳，而屬於中國人傳統，部分是穿袖之中國勞動服而已，褲子穿至膝蓋上，生番人即穿無袖之番服，用布纏掩蓋腰間前部，時常依舊裸體來上學者，彼等炎暑之天氣本來即如此，雖下雨亦絕不戴笠撐傘，彼等連一張包袱巾亦無，貸與之書籍類，放進衣服之懷抱內，窺視停雨瞬間向學校疾跑往來。

從此段敘述可知，日治初期的臺籍小學生們大都穿傳統的中式服裝上學，原住民則著傳統的原住民服飾，有些甚至不穿衣服，赤身裸體去上學。

百歲人瑞孫江淮也回憶說，他在一九一五年，進入善化公學校的前一年，接受舊式的書房教育。當時，進入書房時要行拜師禮，並著正式服裝，這裡所謂的正式服裝是指長袍馬褂。至於平常上書房讀書，則穿一般的中式臺灣衫。翌年進入公學校（小學）就讀後，公學校沒有硬性規定服裝，學生大都穿平時的衣衫，打赤腳上學，而這時候的日本人不會去管學生穿著什麼服裝去學校。

至於專供在臺日籍小學生就讀的小學校，其男女學生們穿著傳統的和服上學，例如：臺北師範學校附屬小學校（即今臺北市立大學附屬小學）學生，就是穿著窄袖的和服。

這是由於日本領臺之初，採取無方針主義的漸進治臺政策，而教育制度也仍未有一明確走向，主要僅以普及日語為目的。在當時這種「舊慣溫存」的治理態度下，自然不太會干涉（事實上也無力關注）學生的服裝，而任憑學生隨意穿著。因而呈現日籍學生穿和服，臺籍學生穿傳統中式服，原住民學生穿「番服」的混亂情況。

至於中等學校以上的情形又是如何呢？專門提供男生就讀的臺北第一中學校（今建國高中），其早在一九〇七年獨立之初就採用西式制服。

| 上　1911 年，穿著傳統中式服裝上學的小學生。

| 下　1907 年，穿著日式和服的臺北第一高女畢業女學生。

而當時女學生就讀的學校有兩間，其一是專供日籍子弟就讀，後來稱為臺北第一高等女學校（今北一女中，以下簡稱臺北第一高女。由於學校名稱多所異動，為便於說明，後續均以日治時期最後的名稱稱之）。另一間則是臺籍女學生就讀的臺北第三高等女學校（今中山女高，以下簡稱臺北第三高女）。

日籍女學生就讀的臺北第一高女，創校之初，學生們各自穿著和服上學，到了一九〇六年左右，學校制定了海老茶袴[10]。因此，女學生們這時的服裝就變成：上半身著各自的和服，下半身穿統一的海老茶袴，腳上則穿木屐或草鞋。

臺北第三高女主要招收臺籍女學生，創校之初，同樣沒有對學生的服裝加以要求，因而女學生們大都穿著傳統的中式服裝上學，上半身是女用大襟衫，下半身為中式長褲或長裙。

一九一〇年代以前，穿著傳統中式服裝的臺北第三高女女學生，女學生腳上仍可見纏足。

這之中，較特別者為師範學校。日治初期的國語學校（即師範學校的前身）由於採取公費制，成立之初就明確規範了學生的服裝。一八九六年，府令第四十號公費生支付細則中的第五條，就清楚說明了以下的學生服裝樣式，包含：帽子、制服、鞋子、外套、綁腿等都有詳細規範。

自一八九五年日本領臺到一九一〇年左右的這十五年間，臺灣各級學校的學生大致穿著原有的服裝，統治當局也未加以干涉，此時期的學生服裝也因而呈現混亂的風貌。

● 逐漸萌芽的學生服（一九一〇—一九一九）●

這種混亂局勢到了一九一〇年代左右，開始有了轉變。起先，最早成立的高等教育機構——臺灣總督府醫學校，在一九一〇年明訂：以立領洋服為學生制服；夏季白色，冬季為紺色、黑色，另外還有海軍帽樣式的帽子、外套、綁腿及黑色皮鞋等配件。至於中等男學校，則以臺北第一中學校為開端。一九〇七年，他們以西式服裝做為學生的制服。之後陸續成立的男子中學校也都仿效臺北第一中學校制定洋式制服，並以此為學生的統一服裝。例如：地處南部的臺南第一中學，在創校之初的一九一〇年代，就採用洋式的學生制服。另外，一九一五年創設的臺灣人第一所中學校——臺中中學校，也制定洋式制服為學生的制服。

不僅男子中學校開始採用洋式制服，臺灣高等女學校也陸續制定統一的學生服裝。早在一九〇六年，臺北第一高女就仿效日本內地的女學生，制定海老茶袴為女學生下半身的統一服裝，上半身則讓女學生隨意穿著和服。時序變遷下，到了

一一九一〇年代左右臺北第三高女的女學生，上半身為傳統的中式服裝，下半身穿著學校統一制定的紫紺袴，呈現中日混搭的服裝樣態。

一九一七年左右，上半身的袖長及海老茶袴的袴長變短許多，袖寬也逐漸狹窄化；海老茶袴裡頭也可以加穿褲子，同時捨棄草鞋、木屐，改穿皮鞋上學。

以臺籍女學生為主的臺北第三高女，原本放任學生各自穿著，到了一九一〇年左右，校方仿效臺北第一高女的海老茶袴，制定了紫紺袴（近似深紫色）做為下半身的統一服裝，而上半身仍任憑學生穿著傳統的大衿衫。這種臺灣服上衣搭配紫紺袴的穿著持續到一九二三年，這點也和當時臺灣社會的服裝中西合併、混搭多元的樣貌頗為契合。

此段時期的高等女學生服裝，除了開始有統一的服裝外，還有「和服化」與「改良化」的現象。在和服化方面，例如：一九一〇年代，以臺籍女學生為主的臺北第三高女，就捨棄了傳統的中式裙或中式

褲，改為制定日式的紫紺袴；此外，《臺灣日日新報》在一九一六年十二月三十日的一篇報導中，就談到了國語學校附屬女學校（臺北第三高女的前身）引人注意的服裝變化：全校一百二十餘名學生之中，有將近三十五、六名學生訂製新式的和服，且穿著和服上學的學生日益增加，報導甚至認為，這種內地化的改變代表這所全臺灣最高等的女子教育機構正走向進步的發展方向。

可見，當穿著和服象徵日本的進步與文明時，臺籍女學生穿著和服便是擺脫舊有中國的落後文化，朝向日本進步文化的方向。但弔詭的是，和服這套服裝存在許多極端的矛盾，即和服本身具有無法忽視的致命缺點，因此，在「和服化」的同時也出現「改良化」的聲音。

例如：在一九〇二年，《臺灣民報》一連四天的報導中，便探討了女學生的和服裝扮，從衛生、經濟、體育、教育、活動上分別指出和服的缺點，認為女子和服應該進行適當的改良。

因此，當一九一一年，日本進入大正時期後，女學生的和服開始有所轉變。首先，袖子從寬鬆變狹窄，下半身的袴長也逐漸變短。例如：一九一七年，臺北第一高女將袴長、袖長縮短及變窄；臺北師範學校附屬小學校也分別在一九一三年和一九一六年著手展開和服的改良。

至於初等教育方面，無論是日籍子弟為主的小學校，或臺籍學生就讀的公學校，此時期大都聽任學生自由穿著服裝上學。但有些學校會針對學生的服裝進行研議改善，例如：有鑑於女學生穿著和服的缺點，臺北師範學校附屬小學校對其加以進行改良，這部分將在第五章進行更深入的介紹。

第三章

CHAPTER · 3

【同化下的轉變——迅速流行的洋式制服（一八一九——一九三九）】

隨著在臺統治根基逐漸穩固，總督府為了因應第一次世界大戰之後的民族自決思潮，推行了同化政策，並將影響擴及教育層面。臺灣社會在引進洋服之後，服裝呈現多元混搭的面貌，學生服裝也逐漸朝向洋式的制服發展。

一、向內地看齊的統治、教育與社會服裝

●向內地看齊●

臺灣構成帝國領土的一部分，當然為從屬於帝國憲法統治的版圖，……因此，其統治方針，概以此大精神為出發點，而從事各種設施與經營，使臺灣民眾成為純正的帝國人民，效忠於日本朝廷，且須施予教化與指導，涵養其對於國家的義務觀念。……先求教育之普及，一方面啟發臺人民智，一方面使其感受我朝一視同仁的態度，使達與日本人在社會的接觸上並無任何逕庭的地步，透過教化與善導，達到政治均等的境界。

——總督田健治郎施政方針談話

一九一八年第一次世界大戰結束，民族自決的思潮蔓延世界各地，而受帝國主義欺壓的國家或殖民地，也紛紛展開民族復興運動或獨立運動；同時，日本國內的勞工運動及民主主義運動也蓬勃發展；在此影響下，日本不得不改變原有的對臺統治政策，以強化對殖民地的控制。

一九一八年六月，明石元二郎[1]就任臺灣總督後，明白揭示以同化主義做為施政方針，其施政目標在於感化臺灣人，逐漸培養臺灣人成為日本國民，因此制定「臺灣教育令」，建立以同化為目標的教育制度。

同時，隨著世界各地殖民地獨立運動的遍地開花，加上朝鮮「三一

運動」的衝擊，日本不得不加速改革殖民地的統治政策與體制。這點表現在殖民地的官制方面，則以文官總督代替過往的武官總督。於是，一九一九年十月，在原敬內閣的主導下，田健治郎[2]繼明石元二郎出任第八任臺灣總督，是為第一任文官總督。為了配合此官制改變，文官總督出現後，原本加諸於具陸海軍中、上將身分之武官總督的臺灣軍權也回歸天皇，並由天皇任命臺灣軍司令官，「臺灣軍司令部」因而成立。

值得一提的是，文官總督的治理，到了一九三一年，日本進入所謂十五年戰爭期、軍國主義體制日趨成形後，一九三六年，第十七任臺灣總督小林躋造[3]結束文官總督的治理。此後一直由軍人擔任臺灣總督，直到一九四五年，日本戰敗為止。

當時，田健治郎提出「內地延長主義」做為殖民統治的政策。一方面強調臺灣為日本領土的一部分，統治臺灣的目的在於使臺灣人成為日本人；另一方面，則揭示其重視教育，及提高臺人政治地位的政策方針。田健治郎總督的目的明顯在於安撫臺人，以消弭當時風起雲湧的臺灣民族運動。

這種「內地延長主義」的推行也反映在法律制度的變革上。「六三法」時期，臺灣總督原可依據「委任立法」的原則，頒布具法律效力的「律令」；但一九〇六年制定的「三一法」，進一步限縮總督的立法權力。到了一九二一年，改訂定法律第三號（簡稱法三號）後，則限定臺灣的法令以天皇頒布的敕令為主，這意謂著：日本法律可直接實行於殖民地臺灣，而總督的立法權因而被大幅削弱，「律令制定權」只是做為補充而已。有學者認為，「法三號」依循內地延長主義的政策，有使臺灣法律制度與日本法律一致的味道。

一般而言，「內地延長主義」強調日臺融合、一視同仁的同化精神，這也表現在地方制度、教育制度、日臺通婚等各方面。在地方制度上，實施地方自治；教育制度上，公布「臺灣教育令」與「新臺灣教育令」，以取消臺、日之間的差別待遇，並強調開放共學。日臺通婚上，則解除以往禁止日本人與臺灣人結婚的禁令，允許日本人有條件地與臺灣人結婚。這一點，主要是因應民族自決思潮的威脅；為了緩解統治的壓力，只好提出內地延長主義，以取代過去的無方針主義與漸進政策，並寄望藉由日本、臺灣為一體的政策，將臺灣人逐漸同化成日本人。但實際上，同化政策並非以殖民地的幸福安寧為目的，而純粹以鞏固統治者的統治基礎為考量，因而造成了臺灣人與日本人之間，無法跨越的本質差異，如知名作家吳濁流[4]就認為：

所謂一視同仁、內臺融合、內臺結婚，口號倒滿像回事，實則為政者不時都在暗地裡阻止著內臺融合。這當然不外是發自民族偏見，日本人的那些為政者都是認為大和民族的血比漢民族的更優秀。

總之，向內地看齊的同化主義政策，付諸實行後，其效果並不如日本統治者預期；這段時期的臺灣民間社會，種種政治、社會、文化抗爭運動仍舊如火如荼、風起雲湧。

● 內地延長的教育政策 ●

臺灣教育的本義是依據有關教育的勅語之旨趣為基礎，以培養忠良的國民

——一九一九年臺灣教育令第二條

受到一戰以來民族自決風潮的影響，作為亞洲唯一列強的日本不得不調整對殖民地臺灣的統治政策，也就是基於同化原則，改行「內地延長主義」，希望能將臺灣子民培養成忠良、順從的日本國民，使殖民地臺灣更加穩定。在此目的之下，教育被視為一種實現目標的工具。此前，總督府只專注於鞏固政權及拓展經濟，不僅沒有明確的統治方針，也忽略臺灣人的教育，因而產生日本人、臺灣人與原住民三種階級的差別教育。

一九一九年，總督府頒布「臺灣教育令」，並在臺灣教育令的第一條提及：「在臺灣的臺灣人教育依本令」，不僅確立臺灣人的教育，也說明：日本人與臺灣人的差別教育沿襲過往。總督府的理由是：「臺灣人民浴沐皇化時間未久，在修習日語上仍是一大難關」；統治者顯然認為，臺灣人的語言、風俗習慣和日本人不同，如果在初等教育階段就要求與日本人相同並不合理；因此臺灣人的教育仍與在臺日人有所區別。

值得注意的是，為解決臺人與日本人之間的差別，需將臺灣人教育成日本人，並培養所謂的忠良國民，如同學者吳文星認為，當時的臺灣總督府透過日語的普及化、德性的涵養，欲使臺灣人學習日語後，不僅和日本人說一樣的話，更進一步了解日本的國民精神，以達成精神的一致。

臺灣教育令的頒布，雖企圖確立臺灣人的教育體系，但實際上，卻沒能滿足臺灣人長久以來的期盼。

當時的臺灣人冀望之中等以上的教育機關嚴重不足，有些甚至專門為比例較低的在臺日人開設，可見臺灣人與日本人之間的差別教育仍然明顯，而臺人不能享用平等的教育權這點，連日本的有識之士都加以指責。

為了回應外界的質疑，總督府再次調整教育制度。一九二二年，其公布了「新臺灣教育令」，以取代原有的臺灣教育令。二者最大的差別是：「廢除日臺人的差別教育」與「日臺共學」，並明訂中等以上的教育機關（除了師範學校以外）取消臺人、日人的差別待遇與隔離教育。至於初等教育仍依循過去的規定：常用日語者就讀小學校，不常用日語者就讀公學校，但這也非絕對的原則。實際上，日本人依然可以就讀公學校（這種情況極為罕見），而日語達到標準的臺灣人（通常是社會階層較高的富豪家庭）也可就讀小學校。

此後，中等以上的臺灣教育機關，均比照日本國內的制度設立，而各地也紛紛增設中等學校、高等女學校、職業學校及職業補習學校等。另外，還設立了七年制高等學校、三年制高等農林、商業、工業學校及四年制醫學專門學校，並在一九二八年，創設臺灣的第一所大學——臺北帝國大學。

表面上看來，臺灣人可以和日本人就讀相同的學校。但實際上，差別待遇的本質仍然不變。這是因為初等教育時，公學校和小學校的課程內容就存在著難易之別：臺灣人在初等教育時學習的內容較簡單，因而在起跑點上已居劣勢，很難在中等學校以後的競爭贏過日本人。因此在日臺共學的實施上，真正受惠的仍為日人子弟，如同作家吳濁流在小說《無花果》中所寫：

> 校長常說內臺融合，一視同仁，可是事實好像不完全是那麼一回事。請看這教員名牌張掛的情形，這不是差別嗎？日本人就掛在上段，這用得著嗎？青年團訓練，大隊長和中隊長都由日本人當，同樣是師範畢業的，本島人的前輩當小隊長，後輩的日本人當中隊長，這豈不是天大的矛盾嗎？

不僅臺灣人有這種感覺，日本學者矢內原忠雄[5]在他的名著《日本帝國主義下之臺灣》中也有如下批評：

> 這些結果，當然是由日本人佔了各高等程度學校的大部分學生。名為教育制度的同化，實則近乎使臺灣人被剝奪了高等專門教育。至一九二二年止，則藉降低臺灣人的

教育程度，使日本人取得指導者與支配者的地位；而現在則在制度上名為平等，使臺灣人亦得參加高等教育，但事實上乃多方限制，使更得確保日本人的支配者地位。

乍看之下，「日臺共學」是開明、進步的措施，實際上卻徒具虛名，可說教育立足點的不同，注定了日臺共學時，受惠者仍為日籍學生。在日本統治者的心底深處，日本人與臺灣人的地位不可能相等。同化政策下的「日臺共學」，不過是搏取美名、穩固統治的一種政治手段，因而，臺籍學生始終沒有獲得與日籍學生平等的教育機會。

● 普及、流行的洋服與中西混搭的臺灣服 ●

現代風在臺北展開著。在臺北街頭，現在不時可以看到三五成群手牽著手的女性，穿著能讓腿部線條更為豐美的白色高跟鞋，搭配著輕薄、透明到可以看到肌膚的柔紗洋裝（或是長衫），無拘無束且活潑往來著。她們就是臺灣的モガ（モダンガール）（摩登女孩），臺灣話稱做「黑貓」。

——《臺灣日日新報》，一九三一年十月二日，第六版

一九一九年起，臺灣受戰後民族自決思潮的影響，總督府也改弦易轍，提出「內地延長主義」，企圖穩固在臺灣的統治根基。然而，臺灣的知識份子同時受到世界潮流的衝擊，展開了一系列政治、社會抗爭運動，他們對自身的文化產生自覺意識，發展出所謂臺灣「新文化運動」。

在新文化運動下，臺灣知識份子產生強烈的文化自覺，但這種意識也有其矛盾之處，一方面他們批判傳統，以求所謂的「進步」；另一方面卻希望藉由維護部分的中國傳統文化，做為抵抗日本同化的依據，而臺灣本地的服裝在新文化運動的浪潮下自然也受到了影響。

一九二四年，在新文化運動浪潮下，最具代表性的刊物《臺灣民報》中，有篇〈換新衣裳〉，便對中式服裝提出批判：

> 生於現代的人，不能拒絕否認社會進化的事實。然一班舊人，以墨守古制為理想，盲從典型為美德，誤認傳統舊慣為絕對真理。這種迷信，非由根本上改革不可。那班舊人所穿的是一件舊衣服，只合他們穿用。我們生活在新時代的人，自有我們應穿的新衣服，焉得認穿其舊套呢？

此文以穿著為比喻，意在從進步

的觀點，闡述「排除傳統」的重要性，而衣著的新舊在當時也被賦予了特殊意義。在此，「洋服」做為一種「進步」的內在意涵，也成為文明開化的象徵。

新文化運動的推行使西服成為一種進步的表徵，逐漸為臺灣社會所接受。有學者以一九二〇年代出版的照片輯錄為本，分析全臺各地照片中一千多名仕紳的穿著，當中：洋服的穿著比率高達百分之六十八．八一，臺灣服僅佔百分之二十九．九二，而日式和服佔了百分之一．二，其他服裝則為百分之〇．〇七。由此可知，將近百分之七十的仕紳穿著洋服照相，可見一九二〇年代時，洋服已成為臺灣男性仕紳的主要穿著，顯示多數上層階級已接受洋服，並視其為優越、先進、文明的形象代表。

到了一九三〇年代，男性洋服已相當普及。在一九三〇年代出版的人物寫真輯錄《臺灣人士鑑（昭和九年版）》中，學者同樣分析了照片中的人物穿著，經統計，原本一九二〇年代，有百分之八十一的仕紳穿著洋服，到了一九三〇年代，則成長到百分之八十九，至於穿著臺灣服者，則從一九二〇年代的百分之十七降到約百分之八。顯見洋服的普及率大大提高，臺灣服則逐漸下降。

雖然上述分析以臺灣上層階級的仕紳為主，但在日治時期的一九二〇、三〇年代，一般民眾的寫真照片中，男性多穿著西服的現象來看，可知西服已成為臺灣男性的穿著主流，這點應毫無疑問。

臺灣女性接受洋服的時間點較男性晚，一九二〇年代起，少數上層階級的女性才開始穿洋服。據學者洪郁如的研究，這些極少數的「新女性」，多出身家境富裕的上層家庭，畢業於高等女學校，並透過旅行、留學或訪問親人，得以前往日本、中國等地，因而受到這些地方的流行風尚影響，穿上了洋服。

相較於當時穿上全套西裝的男性，多數臺灣女性在一九二〇年代時，仍以臺灣服為主要穿著，她們頂多因解放纏足、而改穿西式的皮鞋。

一九三〇年代，洋服在臺灣女性之間逐漸流行、普及，甚至出現「黑貓」的時代用語，意指追求流行、穿著時髦的摩登女孩（modern girl）。我們從一九三一年《臺灣日日新報》上的一篇文章中可窺知一二。這篇文章談到：現代風潮在臺北逐漸展開，當時的臺北街頭，常可見留著時髦短髮的女孩們手牽手，穿著輕薄、透明到幾可看到肌膚的洋裝，並搭配讓腳部線條更為美麗的白色高跟鞋，三五成群、無拘無束地往來於街上。

一九三七年五月，《臺灣日日新報》上刊載著一篇以當時臺北最繁榮的榮町為觀察地點，統計街上女性穿著的文章。這篇文章提到：往來的女性幾乎穿著洋服，報導中，不僅統計一小時內，往來於臺北榮町的女性洋服穿著，甚至加以拍照、評論，並分為六大類。可見當時臺北女性對時髦洋服的追求已蔚為風氣，洋服也進而成為女性的普遍裝扮。

不僅洋服在臺北女性之間流行起來，我們從日治時期臺灣各地的照片寫真集中，臺灣女性普遍穿著西式洋服拍照來看，也可以得到驗證，意即：洋服在一九三〇年代，已躋身臺灣女性的流行穿著之列。

相較於逐漸普及與流行的洋服，臺灣傳統中式服裝的走向又如何呢？一九一〇年代，斷髮風行之時，許多男性因斷髮而改穿西服，但隨著斷髮改裝的熱潮過去，到了一九二〇年代，不少臺灣男性又穿回過去熟悉的臺灣服。

臺灣男性穿著的臺灣服，維持之前合身、窄版的款式，而先前中西混搭的現象，到了一九二〇年代也

上 1939年代的臺灣男性，穿著時髦流行的洋服。

左 1930年代年代西式洋服已成為臺灣女性普遍的穿著打扮。

右 1920年代，穿著西裝的臺灣男性。

變得更加普遍。當然，前段提及之一九二〇年代的新文化運動，對傳統文化採取非全盤否定的立場，也提供了服裝發展上，「中式」、「西式」、「中西合璧」等三種不同樣式的共存空間。

接下來，我們從一張一九二四年的照片中，可見眾多男性穿著西式洋服，之中也有人穿著中式對襟衫，而前排的小孩上半身穿中式對襟衫，下半身則是西式長褲，且頭戴西洋帽，腳上穿著皮鞋甚至木屐。可見中西混搭的現象十分明顯，而日本元素也參雜其中，呈現了多元的樣貌。

隨著一九三〇年代洋服日益普及，臺灣服並未完全銷聲匿跡，在眾多寫真照片中，依然可見穿著臺灣服的身影。在一張一九三一年，攝於臺中的全家福中，眾多人裡面，除了最後一排、一位穿著西式服裝

1924年，懇親會紀念照。照片中的服裝出現中式、西式等多元的混搭風貌。

的人士之外，其他人仍穿著臺灣服，可見在非都市地區，臺灣服仍有一定的普及率。

在另一張攝於一九三六年的家族合照中，年輕人穿著洋服或學生制服，老年人則仍穿著傳統的臺灣服，這反映了即便洋服逐漸普及，但對年長者而言，臺灣服仍是最合適的穿著。

除了鄉村的居民與年長者會穿臺灣服之外，中上階層的仕紳也會在特定場合穿上臺灣服。學者吳奇浩指出，由於臺灣服代表傳統的中式禮服，因而在傳統文化性質濃厚的特定場合中，例如：書畫協會的聚會上，臺灣服自然成為仕紳的穿著選項。在黃旺成、張麗俊、林獻堂等留下日記紀錄的仕紳筆下，明顯可見這一股社會與文化現象。

特別是日治時期的政治運動領導者林獻堂，在許多場合都穿著傳統

上　1931 年臺中地區的家族合照。照片中，多數人仍穿著傳統的中式服裝。

下　1936 年的家族合影，照片中的年長者仍然穿著傳統的臺灣服。

臺灣服飾的長袍馬褂亮相，因中國式的長袍馬褂可做為漢文化的代表，而臺灣服則是反抗日本當局的一種方式。此時，臺灣服呈現了一種有別於日本文化的臺灣性格。

相較於變化不大的男性臺灣服，一九二〇年代，女性臺灣服則跟隨中國的流行，走上了復古風：原本細窄的袖長再度變得寬鬆，但縮短至七分袖，上衣仍舊合身，但下襬縮短至腰部左右；至於下半身的褲子或裙子都變短了；可見此時的服飾強調較為合身的剪裁，並露出腿足與下手臂，以適度展現身體曲線。此外，再搭上洋帽、西洋裙、皮鞋及高跟鞋等配件，呈現中西糅合的多元面貌。

一九三〇年代，上海旗袍逐漸流行。起初是五至七分袖，袖子上窄下寬，下襬襬長約到小腿。一九三〇年代中期以後，袖子變窄、短，

林獻堂於 1924 年的夏季講習會上留影。照片中，男性成員多穿著西裝或西洋服，僅極少數人（包含他）仍穿著臺灣服飾的長袍馬褂（第一排右四）。

成為無袖，下襬則拉長至腳踝，袍身兩側開衩提高，整體感覺十分緊身，完全展現了女性曼妙的身體曲線，並因而成為當時常見的臺灣女性流行服飾。

一九二〇至三〇年代，臺灣社會也曾出現一股女性改良服（和服）的風潮，這股源自日本內地，考量日式和服對女性健康的極大負面影響，加上學校體育課時產生的不便，使和服的改良成為關注焦點。

在臺灣，改良服的興起同樣自經濟節約、衛生健康、生活改善、活動便利與體力增進等角度出發，指出女性和服的缺點，期望能在改善這些缺失的前提下，以西洋服的優點取代和服的不足，形成一種折衷於和、洋風格的衣著樣式。因此，改良著重於和服的下襬、袖子與腰帶等部位。改良之後，下襬為類似洋服的裙子，袖長縮短，並使用寬度較窄、質地較軟的腰帶，最後成為上半身和服、下半身西洋裙的樣式。這種改良服也一度成為臺北第一高女的制服，然而，和洋折衷的改良服仍不如洋服一般便利。

上 1926 年臺灣女性的穿著，上半身為寬袖七分長的臺灣服，下半身為西式裙，腳上則穿著皮鞋，呈現中西合併的風貌。

右 1930 年代穿著臺灣服飾 - 旗袍的女性，此時袖長仍為五至七分，尚未成為無袖，腳上則穿著高跟鞋。

左 1921 年，穿著改良服的女性。

二‧制服的成形（一九一九年－一九三〇年）

●洋式學生制服的迅速流行●

當時我們學生所穿的冬天制服是由一種灰底黑點顏色的しもふり（霜降）布所做成的學生服，無論是小學或中學，男學生是沒什麼變化，女學生則是衣裙分開的制服，其衣領則為大翻領的水兵服セーラフク，夏天是白色，冬天是サージ（serge）紋嗶嘰的紺色衣裙（紺サージ的制服等於青嗶嘰制服）。

——《王世慶先生訪問紀錄》

隨著臺灣教育令與新臺灣教育令頒布，臺灣人的教育體制得以確立，並仿效日本內地學校的各種制度，開始制定洋式制服為學生服裝。自此，臺灣的學校制服於焉定型。

因應日臺共學的制度，此時期陸續成立的高等學校，仿效日本內地學校，制定了洋式的制服。例如：一九二八年成立的臺北帝國大學（今國立臺灣大學）便參考日本的帝國大學，讓學生穿著立領的洋式制服，依季節而使制服顏色有所不同：夏季為淺色，冬季為深色，並以角帽為正帽，麥稈帽為略帽（第六章將詳加說明），帽上別有學校徽章以為識別，腳上則穿著黑色皮鞋。

中等以上學校的男學生服，雖延續過去洋式的學生制服，但各校也陸續展開一些修訂。基本樣式不變，較大的差別僅在於立、摺領的樣式及學校徽章的改變。例如：一九二五年左右，臺北第一中學就將原本的立領學生服變成摺領，因在炎熱的臺灣，穿著摺領似乎較穿著立領來得舒適。

深受改良服的社會風潮影響，和服改良以臺北第一高女為嚆矢，擴及至其他臺灣的高等女學校，例如：一九二二年，臺北第二高女就著手學生和服的改良。但一九二〇年代中葉之後，高等女學校逐漸捨棄改良服，女學生們開始改穿洋式制服。

這樣的改變起因於，改良和服無法完全滿足實際需求，例如：在學校的體育課中，即使穿著改良後的和服，身體各部位仍無法完全伸展開來，因而運動時頗為不便。此外，新實施的臺灣教育令透過制定和服、臺灣服以外的洋式服裝，也有緩和民族意識的用意。同時，一九二三年關東大地震之後，日本因「和服無用論」而吹起的洋服風潮也吹到了臺灣。種種因素影響下，高等學校的女學生們跟上男學生的腳步，開始由「和」入「洋」。

一九二一年九月，臺南第一高等

| **左頁** 在 1926 年，臺南州立臺南第一中學校第八屆畢業生的合影中，學生穿著整齊的制服。

| **右** 穿著制服的臺北帝國大學學生。

| 在 1926 年，新竹中學校第五屆畢業生的合影中，學生分別穿著夏季、冬季的制服，頭戴制帽，腳上則打上綁腿。

| 上　1922 年，臺中高等女學校的學生開始換穿新式的洋式制服。

| 左　銅鑼公學校第 21 屆畢業生合影。照片中，男女學生仍穿著各自的傳統中式服，但男學生已有制帽。

女學校（以下簡稱臺南第一高女）制定洋式制服，取代過去的服裝，人們認為，洋式制服改善過往和服的種種弊病，不僅有助於經濟節約，在運動、外觀上也相當理想。繼臺南第一高女，臺中高等女學校、臺北第一高女、臺北第三高女也陸續以洋式制服做為學生的服裝。

初等學校裡，小學校學生原本穿著改良和服，但自一九二〇年代起，都市的小學校學生開始改穿洋服制服，例如：一九二四年畢業於明治小學校（今臺中市大同國小）的校友便提到，當時，學校制服由和服變為洋服。另外，北師附小在一九二〇年代即改採水手服，[6]為學生制服。

相較於日人就讀的小學校多在這段時期開始制定洋式的統一制服，在臺灣人就讀的公學校中，少數男學生則開始頭戴制帽。在一張攝於一九二五年，銅鑼公學校（今苗栗縣銅

鑼國民小學）的畢業紀念照中，男女學生雖然都穿著中式的臺灣服，但男學生頭上已有統一的制帽。

不過，對這段時期的多數公學校來說，無論男女學生均無統一的制服，學生仍自由穿著各自的服裝，且多為傳統的中式服裝，這種狀態，從當時的畢業紀念照片中即可清楚見得。

三、邁入成熟（一九三〇—一九三九）

到了一九三〇年代，臺灣學生服的發展已邁入成熟階段。此前，中等學校以上的在校生就已穿上洋式制服，此後，這股洋式制服的風潮逐漸往下擴展至初等教育機構。

一九二〇年代起，以日人為主的小學校陸續出現洋式制服。一九三〇年代則更加普及。至於過去多穿

| 上　1933 年，臺中市曙公學校第五回畢業合影。照片中的男學生統一穿著制服，頭戴制帽。

| 左　1936 年，坑子公學校第十三回畢業紀念照。照片中可見，學生不分男女，仍穿著傳統的中式服裝。

著中式服裝的公學校學生，此時雖有少數公學校，如：臺南女子公學校以集會、儀式時不雅觀為由，開始研議制定洋式制服，但也不敢馬上強制學生購買、穿著，以免徒增家長的經濟負擔，引發反彈聲浪。

在昭和時期的一九三〇年代，隨著洋服在社會上日益普及與流行，臺灣人對洋服的接受度已相當高，這般影響也反映在學生的穿著上。譬如：在都市、經濟狀況相對較佳的公學校，已開始出現統一的洋式制服。在一張攝於一九三三年，臺中市曙公學校（今臺中市臺中國小）的畢業照中，男學生們身穿整齊統一的學生制服，頭戴制帽。

然而，位處較偏僻或社區家長經濟較困頓的公學校，服裝上仍然沿襲舊慣。在另一張攝於一九三六年，坑子公學校（今桃園市外社國小）學生的畢業紀念照中，學生們不分男女，

仍穿著傳統的中式服裝。

話雖如此，公學校的學生服自一九三〇年代起，整體上依然朝向洋服發展，例如：一九三〇年五月，臺北州郡視學（類似今天的教育督學）視導臺北市各公學校時提到：「他如各校之服裝，亦大見改良。如前之女生徒，所著衣服不一，今則變為洋裝者居多，而頭髮亦多改為現代式。又從前便裝之近郊女生，現則各著裙。」

可見，即便有的學校並沒有制定統一的洋式學生制服，但穿著洋裝、裙子的學生變多，服裝上也較為一致。從一張攝於一九三七年，新社公學校（今臺中市新社區新社國小）的畢業紀念照中可見，男學生的穿著包括：西式立領詰襟、西式摺領詰襟，甚至對襟式的臺灣服；女學生方面，則有洋裝、水手服及上半身穿臺灣服，下半身搭配西洋裙者。

雖然學生沒有統一的制服，但與過往形形色色的照片相比，此張照片中的學生服看來已較為相似、一致了。

這段時期，另一項學生制服的較大變革是，在高等女學校的洋式制服中，出現了水手服。一九二二年，臺中高等女學校（今國立臺中女中）採水手服為洋式制服，一九二四年，臺北第二高女也跟進採用。至於作為臺灣高等女學校代表的臺北第一高女及臺北第三高女，前者於一九三三年，配合新校舍的落成，讓入學的新生換穿水手服及百褶裙；後者則遲至約一九四〇年代，才可在學生的畢業紀念照中，看到學生換穿水手服的身影。這種水手服的裝扮，不僅出現在高等女學校，也成為公學校女學生的服裝樣式。

上 1937年新社公學校的畢業紀念照。照片中學生雖然沒有統一的制服，但整體服裝看來已較過去相似、一致了。

下 穿著水手服的高雄第一公學校女學生。

左頁上 高雄平和公學校的學生，男學生穿著西式摺領詰襟制服，女學生則身穿水手服，頭戴制帽。

左頁下 穿著水手服的臺南第二高等女學校學生。

第四章

【戰時的統制——迷彩風的學生服（一八三九——一九四五）】

CHAPTER·4

中日戰爭爆發後，為了配合戰爭所需，日本於殖民地臺灣推行皇民化運動，期盼臺灣成為戰事的最大支柱，政策的影響也及於社會、學校等各層面；不僅社會上出現了改良服、國民服、モンペ，學生服裝也走向統制的國防色制服。

一、皇民化下的統治、教育與社會服裝

●成為皇國子民●

本運動（皇民化運動）基於我國國體主義，致力貫徹皇國精神，使島民各司其職，全島一致盡臣民之道，以期確立國防國家體制，建設東亞新秩序為目的。

——皇民奉公運動規約第二條

隨著日本帝國主義的侵略日益積極，臺灣也成為戰時的重要南進基地，且無可避免地受到相當程度的影響。此時，總督府一方面壓制那些具有民族主義或共產主義色彩的臺灣政治、社會運動，另一方面則加速將臺灣人同化為日本人，力圖使臺灣人成為休戚與共的日本國民。

到了一九三六年，臺灣總督因戰爭之故，再度由文官總督變為武官總督。為配合日本對外擴張及侵略行動，總督小林躋造以南進化、工業化、皇民化做為其治臺三原則。

隨著中日戰爭在一九三七年全面爆發，為因應長期戰爭所需，「國家總動員法」在翌年發布，臺灣也進入「戰時體制」。為使臺灣人具有日本國民的愛國心，以齊心面對戰爭，政府推動「皇民化運動」，而配合此運動成立的「皇民奉公會」，則成為推行此運動的重要機關，如同當時一位日本人所說：

皇民化是要求生活在臺灣的漢民族、高山族都同化為日本人，而且，

不僅在外表的生活習慣、宗教信仰、語言文字與姓名要日本化，更要求內在精神、思想方面效忠日本政府，崇拜天皇。

簡單來說，「皇民化」就是「日本人化」，以將臺灣人民改造為「皇民」，變成日本皇國的子民為目標；其不僅要求外觀、形式上的日本化，更要求臺灣人成為精神上完全服膺於日本天皇的忠誠子民。

據學者周婉窈的研究，皇民化運動進一步包含了宗教與社會風俗的改革、國語運動、改姓名運動、志願兵制度等四個主要部分。在宗教與社會風俗方面，總督府要求臺灣人放棄臺灣民間信仰，改信日本神道教，奉祀神宮大麻（日本天照大神）並需參拜神社；推行國語方面，則開始要求臺灣人說國語（日語），穿日式和服、住日式房子，若全家人經常使用國語，還可頒授「國語家庭」的榮譽，並在戰時享有較為優渥的物資配給；此外，也鼓勵臺灣人改漢姓為日本姓名，當時，部分臺灣人因而有了日本姓名；最後，隨著戰爭後期戰事吃緊，日本官方更招募臺灣人從軍，實施志願兵的制度。

為推行皇民化運動，做為皇民化政策推行中心的「皇民奉公會」在一九四一年成立，並以臺灣總督為奉公會總裁，其觸角涵蓋總督府以下的各級行政組織，並在地方設立支會與分會，使皇民奉公會成為由上而下的全島性組織，進而使皇民化運動的成果更為深入與確實。

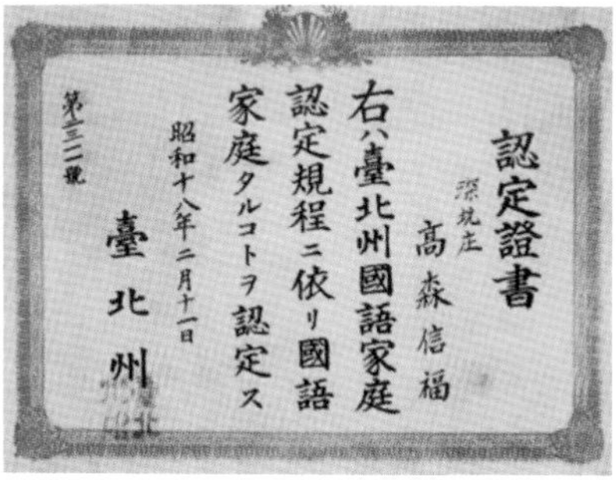
認定證書
深坑庄 高森信福
右ハ臺北州國語家庭認定規程ニ依リ國語家庭タルコトヲ認定ス
昭和十八年二月十一日
臺北州
第三二一號

上　皇民化運動之下，臺灣人被迫信仰日本神道教，而且日本人也在臺灣大量建造神社，此圖為位於當今臺北圓山的臺灣神社。
圖片來源：太田猛編輯，《臺灣大觀》，1935 年。

下　皇民化運動下，國語家庭的認定證書。

臺灣總督 長谷川 清閣下 題字
文敎局長 西村高兄閣下 序文
法務部長 稻田喜代治先生

論說
文例
改姓名讀本 全集
—增補改版—
—撰名手續不求人—

日本法學士 武田壽夫 編著

| 左上 皇民化運動下樣版的國語家庭。

| 右上 皇民化運動下，總督府鼓勵臺灣人將漢姓改為日本姓，甚至有專門教導如何改姓名的讀本。此書現藏於臺灣圖書館。

●皇民化運動下的學校●

為了使我們更像個「皇國民」，我們都由校方另取了名字，在校內使用。一年級生一律叫某某五郎。以我為例，「鍾」這個姓氏保留下來，名字則改為「肇五郎」。二年級生是四郎，三年以上依次為三郎、次郎、大郎。自然，我們將來升級，也會依序遞升為四郎、三郎……。校方命我們在校內一定要以這種名字互相稱呼，對外通信也應該用此名。

——鍾肇政回憶錄（一）

隨著日本帝國主義積極向外擴張，日本對臺政策進入「皇民化時期」。在此影響下，「鍊成皇國民」成了教育的目標。由於學校機關易受統治者支配且配合度最佳，因而能夠努力貫徹皇民化的教育措施。

當時，由於學校奉行國語運動，所以學生在校是禁止說「中文」，而須說「國語」（日文）。違反規定者，輕則挨打挨罵，重則影響操行分數。至於改姓名運動，雖然採取「許可制」、不具強迫性質，但作家鍾肇政仍提過，他就讀私立淡水中學校時，校方要求他們取日本姓名的過往。

一九三七年，為達成「鍊成皇國民」的目標，學校配合國語運動的推行，廢除了公學校的漢文科，希望藉此徹底普及日語，使臺灣人像日本人一樣，能把日語當成母語來使用。

再者，總督府還把初等教育當作「皇國民」的奠定基礎，加上經過數十年統治，實施義務教育的時機已然成熟，總督府因而欲透過振興初等教育，提升臺灣人的素質，培養產業、國防的根基，使臺灣人成為肩負日本帝國發展的先鋒。因而，一九四一年，殖民地臺灣比照日本內地的初等教育制度，將原有的小學校、公學校一律改稱「國民學校」。不過總督府仍以考量臺灣實情為藉口，將課程分為第一、二、三號表：第一號表國民學校為「過著日語生活長大」的子弟就讀，即原先的小學校，第二、三號表則為其他家庭的子弟就讀，可見這段時期，過往的差別教育色彩仍明顯存在。

到了一九四三年，總督府為配合六年國民義務教育的實施而頒布「廢止私塾令」，強制廢止了臺灣傳統的書房教育。同時，過去的中學校令、高等女學校令與實業學校令也遭廢止，並另行頒布「中等學校令」，以作為各中等學校的統一依據。除了將修業年限縮短為四年，更將課程簡單化，並一律採用國定教科書，目的是為了在最短時間內獲得最大的成效，使學生學成後，能提早服務社稷，因應日趨吃緊的戰事。

值得注意的是，在皇民化運動之前，各級學校雖已出現忠君愛國、灌輸皇民思想的課文教材，但皇民化之後，此現象則日趨普遍與強化。這段時期，日文課成為主要的科目，校園裡，無論老師、學生都必須講日語，並禁止在校園內使用臺灣方言。同時，小學課本也大量出現與日本相關的內容，例如：日本開國神話、天皇、神社、富士山及強調忠君愛國的故事，如〈莎韻之鐘〉、〈楠木正成〉等。

● 和服．改良服．國民服 ●

以本次事變（第二次世界大戰）為契機，本島的皇民化運動，有顯著的高昂趨勢……皇民化運動宗旨是要所有的本島人培養物心全面的皇民意識。過去他們穿著中式服裝的生活，不知不覺使他們養成了其原本的國民意識與感情，這種現象與皇民化運動是不相容的，因而有必要加以適當的指導。本島男人不分老少已大多穿著洋服了，但臺灣女性方面卻依然舊態猶存，故透過婦人服的調查來顯示改良服的標準，並加以獎勵來啟迪國民意識，促進皇國精神的涵養，遂行皇民化的貫徹。

——國民精神總動員推行「本島婦女服的改善運動」活動宗旨

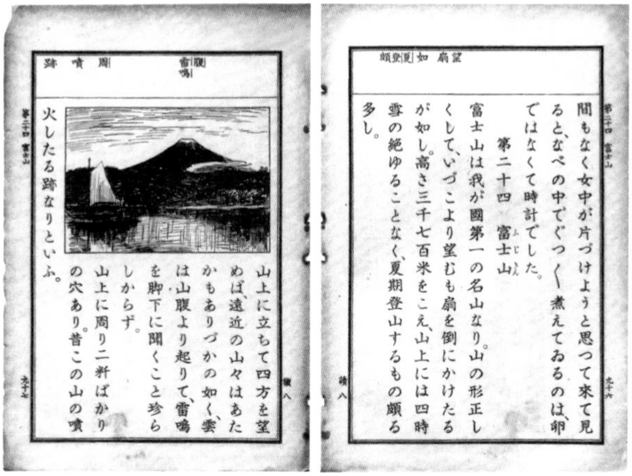
望　扇　如　夏　登　顚

第二十四　富士山

間もなく女中が片づけようと思つて來て見ると、なべの中でぐつ〳〵煮えてゐるのは、卵ではなくて時計でした。

第二十四　富士山

富士山は我が國第一の名山なり。山の形正しくして、いづこより望むも扇を倒にかけたるが如し。高さ三千七百米をこえ、山上には四時雪の絶ゆることなく、夏期登山するもの頗る多し。

讀八　九十六

腹　雷鳴　周　噴　跡

山上に立ちて四方を望めば、遠近の山々はあたかもありづかの如く、雲は山腹より起りて、雷鳴を脚下に聞くこと珍らしからず。

山上に周り二粁ばかりの穴あり。昔この山の噴火したる跡なりといふ。

第二十四　富士山　九十七

皇國語教科書上，關於富士山的課文內容。圖片來源：臺灣總督府，《公學校用國語讀本卷八第一種》。

皇民化運動的推行，同樣落實於臺灣人的穿著，並透過「國民服裝的改善」與「國民服的制定」來實踐。洋服在當時的臺灣社會雖已相當普及，但仍不時可見臺灣人穿著中式衣著，這對當時與中國的戰事日益加劇的統治者來說，看見自己的國民（殖民地臺灣人）穿著敵國的服裝，不僅相當刺眼且視之為必須加以改善的奇恥大辱。為此，他們召開「本島人服裝改善座談會」，商討臺灣服的處置方式，最後決議：為貫徹皇民化運動，期望透過地方民間組織自主推行，禁止臺人穿著臺灣傳統服飾，因此，包括：一九三七年的鳳林民風作興會、花蓮港民風作興會等組織，都陸續決議廢止穿著臺灣服，甚至在一九三八年，臺北的服飾業者也決議，今後停止接受民眾訂製臺灣服。

相較於老少臺籍男性多逐漸捨棄中式服裝，並改穿洋服，當時的臺籍女性（特別是年長婦女）仍經常穿著中式服裝。因此，臺北州教育課便在一九三九年開會研議，推出三款新式的改良服，並刊登在報紙上作為公告，藉由推廣來宣導、教導臺灣女性穿著改良服。

為改變臺灣女性穿著傳統中式服裝的現象，一九四〇年，國民精神總動員臺北州支部發起了「本島婦人服的改善運動」，並在調查研究後提出數項建議，包括：保留衣服的右開襟（即鈕釦在右側邊的大襟上）、衣服下襬長度不可過短、領子寬度可以變窄，但領口不可過大、袖子保持寬鬆且不使用套頭式的上衣，同時延續傳統服裝剪裁容易及用料節省的優點。

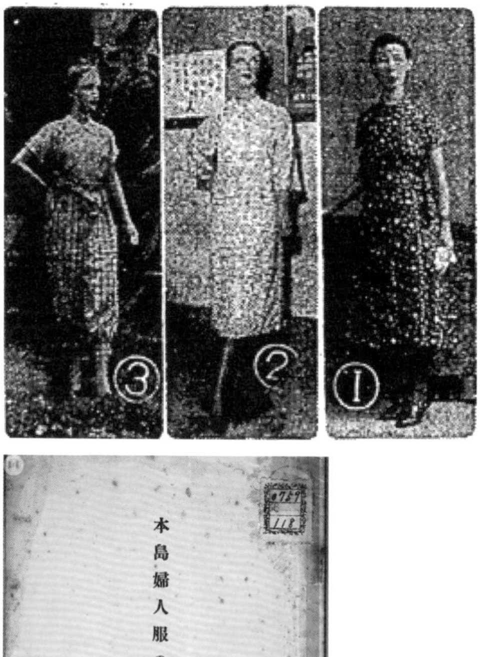

上　皇女性改良服。圖 1 是新製的改良服，圖 2 是由臺灣服修改的改良服，圖 3 是工作與運動時穿著的改良服。
圖片來源：《臺灣日日新報》，1939 年 12 月 21 日，第 7 版。

下　由國民精神總動員臺北州支部推動的「本島婦人服的改善」運動一書。此書現藏於臺灣圖書館。

根據這些意見，傳統的中式女性服裝被改良為中西合併的款式，改變的部分包括：縮短旗袍（長衫）長度、改低領子高度，並改採洋服式的摺領，然後在開衩處加上一塊襠布，並避免袖子過短；同時，窄化臺灣服（短衫）的衣身寬度，縮短長度，並將領子從立領改為摺領；褲子則有長、短兩種樣式，以做為工作褲或運動服。

在一九四一年一月的《臺灣時報》上，也刊登了更加清晰、詳細的女性改良服樣式，除了大大修改臺灣女性原本穿著的臺灣服（短衫）及旗袍（長衫）之外，也增加新裁製的改良服。其修改原則就如同前面所描敘般。至於新製的改良服則有夏裝、冬裝兩種款式，夏裝的上衣下襬開放，配上短褲型的工作褲；冬裝的上衣下襬則繫上腰帶，搭配長褲的工作服。

夏

冬

新制女性改良服，上排左邊是改良式的旗袍（長衫），右邊是改良式的臺灣服（短衫），下排是新製的改良服，右邊長褲為冬季型，左邊短褲為夏季型。圖片來源：德永秀夫，《臺灣時報》，1940 年 1 月。

除了要求臺灣人民別再穿著中式服裝，並改良臺籍女性穿著的中式服裝之外，日本官方也進一步鼓勵臺灣女性穿著象徵日本精神的和服，譬如：彰化市政府於一九三七年，即規定轄下各個小、公學校的女教師與各婦人團體穿著正式、統一的女性和服，希望藉此能使和服逐漸流行與普及。

然而，當時一位日本人針對此議題投書《臺灣民報》時，卻提出了以下看法：

> 對於在服裝上獎勵和服這個問題，要捨棄活動上較為便利的臺灣服是相當困難的，如果和服是便利的，人民自然會穿著，但事實上和服不但昂貴且極為不便，要臺灣女性改穿著洋服這事是尚有可能，但獎勵和服則是毫無意義的事。

可見，要臺灣女性改穿象徵日本精神的和服，在實踐上存在著相當大的阻力，故轉而允許臺灣女性改穿洋服才是較為實際的作法。這段時期的臺灣，除了禁止穿著臺灣服、鼓勵穿著和服外，現實生活中，臺灣女性的穿著究竟如何呢？

這個問題，我們由一位日本人在一九四一年夏季，於臺北大稻埕街頭所做的臺灣女性服裝調查或可得到部分解答。在一〇一名臺灣女性當中，穿著洋服者有六十一名，穿臺灣服者有三十九名，穿和服者僅一名。基本上，這顯示了統治者鼓勵穿著和服的政策頗為失敗，而和服的諸多缺失、臺灣氣候炎熱等都是臺灣女性對和服卻步的原因，這項調查也同時說明了，洋服在這段時期已躍居臺灣都會女性的主流穿著。

除了改變樣式之外，這段時期的服裝顏色也朝向國防色發展。一九三六年一月，總督府向各州發出通牒，要求各州因應非常時期，逐步貫徹國防色服裝，一般民間團體組織也配合政府，協助推動國防色的衣服。

進入戰時體制後，為配合軍需導致之服裝原料匱乏，加上戰事吃緊、物資輸入困難，臺灣民眾的服裝也需朝向簡樸、耐用，使得服裝的改良與統制成為必然的趨勢。一九三八年底，日本政府設立「服裝特別委員會」，以因應非常時期、生活方式改變造成的服裝改良，包含：西裝、和服、工作服、中小學學生服及鞋子等都在改良目標之列。同時，也計畫廢除領帶與襯衫，以符合氣候的變遷。

一九四〇年十一月一日，日本政府以敕令第七百二十五號頒布「國民服令」。關於國民服的制定動機，官方強調：國民服作為國民的常用服裝，結合了日本服的特質、洋服的優點，並考量經濟、堅固、活動性與威容儀態等各個面向，不僅能使日本建立獨立自主的服裝文化，也有助於昂揚國民精神。

依據官方公布的國民服，最初的國民服包含：以三件為一套的上衣、中衣及褲子。一九四〇年發表的男性國民服共有上衣、中衣各四款，款式大致屬於西服，但官方的說明中卻一再強調，這樣的國民服蘊含了日本的因子。

此後，國民服的樣式簡化成甲號、乙號兩種。甲號由原上衣一號與中衣一號組合而成，乙號則為上衣四號與中衣三號組成，另外還包含：外套、長褲帽子與手套等。

日本推廣國民服不遺餘力，不僅要求官員率先穿著以為示範，更藉由法令要求民眾穿著。例如：已頒布的「國民服令」中便規定，在拜謁皇族、參加皇族賜宴時、奉送及迎接皇族或有身分者時，以及諸如參加觀櫻會、觀菊會、參拜陵墓等場合皆需穿著國民服。

然而，關於日本官方制定的國民服是否適用於殖民地臺灣，也引起若干討論。這是由於臺灣相較日本內地，氣候較為炎熱、潮濕，因此有論者提出：於臺灣施行國民服時，應將臺灣氣候納入考量，加入通風、輕快及有帽子設計等特性，以提升國民服在臺灣的普及度。

相較於男性的「國民服」，日本政府在一九四二年，也針對女性制定了「婦人標準服」。官方在其制定動機中提到：衣服做為國民的衣、食、住等三大要素之一，過往採放任、自由的發展，但因女性毫無自覺地一再模仿歐美洋服的情況，若放任洋服成為國民的服裝，不但會在思想上造成不良影響，也會喪失服裝的自主性。

一九四二年，官方頒布六款婦人的標準服，並分為甲型與乙型。其中，甲型標準服再分為二部式（上下二件式）與一部式（上下一件式）各兩款，乙型標準服則有二部式與活動衣各一款。甲型標準服的上衣領襟參酌和服加以修改，袖子、下半身的裙裝則取材自洋服的設計；至於乙型的二部式標準服則保留許多和服的元素，基本上算是改良式的和服。至於活動衣則是標準服中的唯一褲裝，長褲採上寬下窄的樣式，褲腳則是縮緊的モンペ。

モンペ是女性的長褲，外形近似燈籠褲，特徵為：褲子自臀部到大腿較為寬大，小腿以下至腳踝則逐漸緊縮，無論縮褲管或綁腿的樣式都稱作モンペ。由於是褲裝，加上緊縮小腿以下的部位，所以穿著者在從事各項活動時都更為俐落方

上衣一號 襟を小さくとし折襟ともなし得られ、左右胸物入は箱型に附け、腰物入、雨蓋形及杜形を附し左右腰に脇開があり、袖は寛裕で袖開を附け袖口は鯱袖形（釦）附とし調節釦により開閉することが出來る

中衣一號 日本服裝の形式を取入れたもので、襟は日本襟型とし内外共に必要に應じ分離式襟を附する事が出來、袖口は上衣袖の形とし開閉し得られ腰物入及腰帶は自由とし特に寛裕に仕立てる

上衣二號 日本人の體格形態に即して簡單縫製し得られるもので、襟、袖口及脇下の形状は一號型に準じ、左右の胸及腰に物入を附け背面の裾は「サイ・ベラ」式として後裂を附し且つ腰線に縫目を設ける

中衣二號 日本服裝の形式を近代化したもので襟は略日本襟型とし下襟を附け得られ胸物入を附し袖口は一號型に準じ腰物入は自由とする

上衣三號 一般背廣服型の襟型に依るもので、襟、袖口、脇下、物入等は二號型に準ずる

中衣三號 襟は釦付台付襟の形式を採り背縫目腰及下當布を附け、襟の形及帶は自由

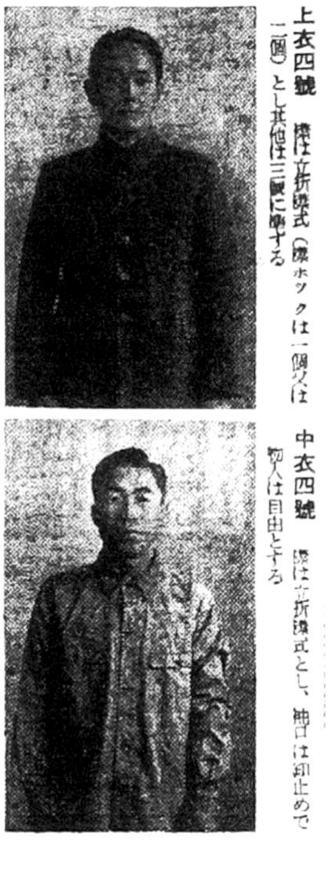
上衣四號 襟は立折襟式（襟ホックは一個又は二個）とし其他は三號に準ずる

中衣四號 襟は立折襟式とし、袖口は釦止めで物入は自由とする

一九四〇年頒布的男性國民服樣式，共有四款上衣與四款中衣。圖片來源：《臺灣日日新報》，一九四〇年二月二日，第四版。

| 1942 年公布的女性標準服，分為甲型與乙型兩種型式，共有六種樣式。

便。因此，モンペ便成了戰爭時期主要且常見的女性穿著。

到了戰事最吃緊的戰爭末期，臺灣社會出現了「決戰服」。所謂決戰服，指的是小腿以下褲管緊縮的褲裝；男性是在腳上打上綁腿，女性則穿著モンペ，上衣則無統一的規定。

• 二 • 統制的迷彩學生服

「記得當時學生的制服，都是穿卡其的制服，二中的卡其顏色比較特別，稍微淡一點，所以一看就可以認得出來是臺北二中。當時中學生是穿長褲，小學生才穿短褲。」

——宋文薰院士訪問錄，收錄於《成功九十濟濟國士——臺北市立成功高級中學九十週年校慶特刊》

左　穿著冬季改良服的女性與穿著國民服的男性

右　穿著モンペ（燈籠褲）的臺灣女性

隨著戰爭爆發，臺灣進入皇民化時期，總督府對各種服裝的干涉也日益增加，服裝上也進入所謂的「統制期」。首先是「國防色」的普及：不僅政府官員，連學生制服也開始朝國防色發展。官方要求，臺灣各級學校團體需以國防色製作學校制服，並下令，自一九三七年四月的新學期起，學生一律改穿統一的國防色制服。

官方要求下，中等學校與高等學校的學生服均邁向「國防色化」。一九三六年，臺北第一中學的新生已開始穿著國防色制服，並決定自隔年起，全校學生換穿新式的國防色制服。一九三九年，進入臺北第二中學（今臺北市立成功高中）就讀的考古學者宋文薰也提到，他入學時，已經穿著卡其色（國防色）的制服了。至於臺北商業學校（今國立臺灣大學管理學院）、臺北工業學校（今國立臺北科技大學）、花蓮港中學（今國立花蓮高級中學）等學校的學生，也陸續換穿國防色的制服。臺南州政府與高雄州政府轄下的中等學校，甚至統一制定了國防色的學生制服：他們在服裝細部的規範上，廢除過往的立領而改採摺領，制帽的帽檐也為國防色。

不僅中等學校以上的校園如此，小、公學校的制服也改採國防色。一九三六年，新竹州轄下的小、公學校已換穿國防色的制服，而同年度之高雄州轄下的小、公學校，也統一採用國防色的服裝。

除了制服的「國防色化」，總督府還提倡「學用品的節約與再利用」、「鼓勵使用人造纖維」等政策以達到順應國策、消費節約及減輕家庭經濟負擔的目標。一九三八

1936年，穿著新的國防色制服的臺北第一中學學生。圖片來源：《臺灣日日新報》，1936年4月28日，第11版。

年起，彰化市女子公學校（今彰化市民生國小）的新生制服便改以人造纖維製作；同年度臺北市內的小、公學校也決議，學生制服漸次使用人造纖維或人造纖維混織物等替代品，並禁止學生訂製新鞋，儘量穿著現有的鞋子；服裝上，也鼓勵善用家庭現有的服裝，並加以修改、利用。隨著戰事的吃緊，臺北第一中學與第二中學也放寬規定，讓學生穿著小、公學校時期的制服，而僅需額外訂製帽子即可；同時，臺北市內的第一、第二、第三高女也都要求學生停止製作新制服，鼓勵穿著小、公學校時期或由畢業生轉讓的制服。

為有效節約資源與減少消費，總督府更進一步計畫將全島小、公學校及中等學校的學生制服加以統一，以減輕轉學時，學生家長的經濟負擔，並讓同一家庭的孩子們可以輪替穿著彼此的制服。因而一九三九年，臺灣總督府便針對學校學生服裝頒布以下規定：全臺中學校、小學校及公學校的學生制服，包含：質地、顏色及型式等均需統一，並自一九四〇年四月的新學期起實施這項規定。

制服統一之後，男子中學生上學時穿著西式的折領學生服，上衣與褲子不分季節均為國防色，帽子是海軍形式帽，並別上各校所屬的徽章。炎熱的夏季則由各校自行決定略帽。女子中學生則沿用過往的水手服制服，其領子與袖口有三條白線，且四季都穿裙子，另在上衣左胸別有各自學校的徽章，制帽為大甲帽。

在小學校和公學校方面，男學生夏季穿著國防色的摺領短袖上衣，冬季穿著摺領長袖，褲子則不分季

上　1938 年，穿著國防色制服的苗栗第一公學校（今苗栗市建功國小）學生。

右頁　穿著卡其色制服的臺北第二中學學生。

1940年，穿著國防色統制制服的臺北第二中學校學生（今臺北市立成功高中）與老師合影。

〔產學二五號〕

● 學校生徒兒童ノ服裝統制ニ關スル件

昭和十四年九月十一日
總務長官通達　各官公立學校長　各州知事、廳長宛

本島ニ於ケル學校生徒兒童ノ服裝ニ關シテハ從來全島的ニ統制ナク各學校ニ依リ規格色合、生地等ヲ異ニセル爲時局ニ對スル必要ナル國防資材ノ保持竝ニ家庭ニ於ケル教育費負擔ノ輕減等ニ關シ遺憾トスル所不尠右ニ鑑ミ曩ニ學校生徒兒童ノ服裝統制ニ關スル調查委員會ヲ設ケ愼重研究調查ノ結果別册要項ノ通成案ヲ得タル處右ハ時局柄極メテ重要ナル事項ト認メ該實施要項ニ據リ全島學校生徒兒童ノ服裝ヲ統制致ス事ト相成候ニ付キ之ガ勵行徹底方督勵相成度尙本規格ニ依リ制服ヲ定ムル場合ト雖モ舊制服又ハ現在所持スル服裝ハ之ヲ完全ニ使用セシメタル後ニ於テ新調セシメ以テ物資ノ節約保持ノ精神ト本制服制定ノ趣旨達成ニ勗メラルル樣留意相成度

右依命通達ス

〔別册〕

全島學校生徒兒童ノ服裝統制ニ關スル實施要項

一、中等學校ノ制服ハ本規格ニ依ラシム
二、實業補習學校ノ制服ハ中等學校ニ準ズルコトヲ得
三、小・公學校ニ於テハ旣ニ制服ノ定アル學校ニアリテハ本規格ニ依ルハ勿論今後制服ノ定ヲ爲ス場合ハ總テ本規格ニ依ラシム
四、本規格ニ依リ制服ヲ定ムル場合ト雖モ舊制服及現在所持セル服裝ハ之ヲ完全ニ使用セシメタル後ニ新調セシメ以テ物資ノ愛護節約ノ趣旨ニ反セシメザル樣取扱フモノトス

實施要項

一、制服ノ統制
中等學校以下男女生徒兒童ノ服裝ヲ
男子中等學校制服
女子中等學校制服
小公學校男子制服
小公學校女子制服
ニ分チテ整一化ス

| 1939 年頒布的「學校生徒兒童ノ服裝統制ニ關スル件」，規定：全臺中等學校以下的學校制服統一。圖片來源：臺灣教育會編纂，《臺灣學事法規（昭和 18 年）》，1943 年。

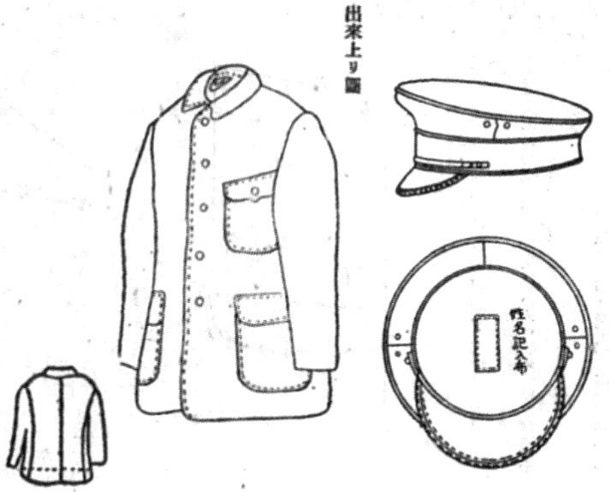

| 1939 年頒布之統一款式的男子中等學校制服與制帽。圖片來源：臺灣教育會編纂，《臺灣學事法規（昭和 18 年）》。

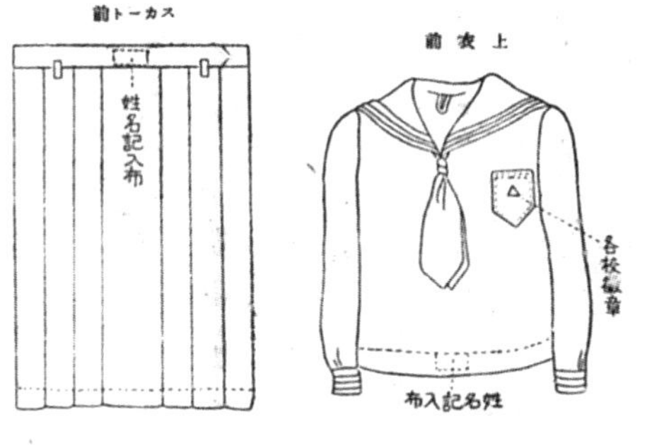

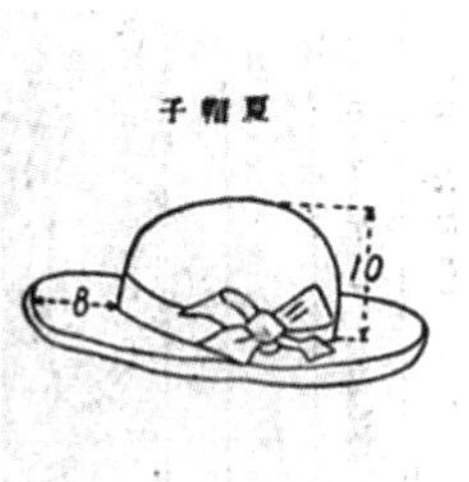

| 1939 年頒布之女子中等學校的統一制服，上排左邊為水手服上衣，右邊為裙子，下排是夏季的帽子。圖片來源：臺灣教育會編纂，《臺灣學事法規（昭和 18 年）》。

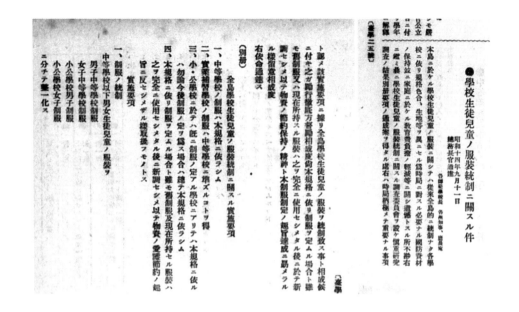

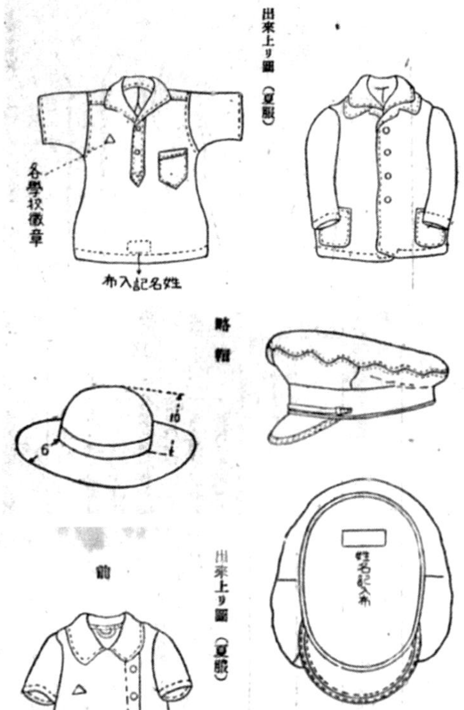

——一九三九年頒布的小公學校男生制服，上排左邊為夏裝，右邊為冬裝，下排為制帽與夏季的略帽。

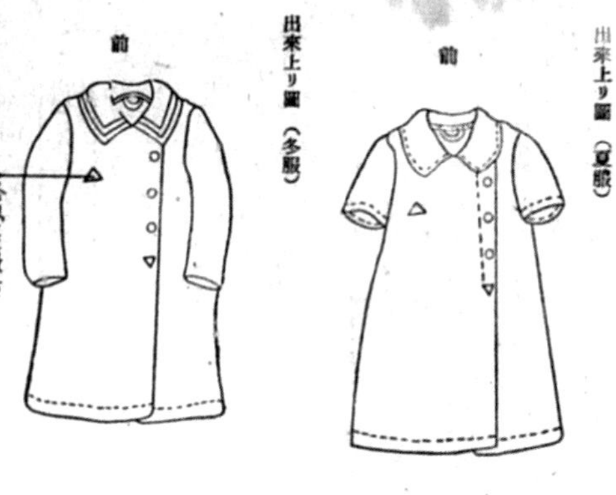

——一九三九年頒布的小公學校女子制服，左邊為冬季服裝，右邊為夏季服裝。圖片來源：《臺灣學事法規（昭和十八年）》。

節，為與上衣顏色、質料相同的短褲，頭戴海軍式制帽，另配有夏季炎熱時使用的大甲帽作為略帽。女學生的制服是一件式的洋裝，冬季為深藍色長袖上衣，領子有兩條白線，夏季為領子沒有白線的短袖上衣。帽子方面沒有統一，由各校自行決定。小、公學校無論男女學生，在上衣的右前方胸口都別著辨別各校的徽章。

統制之後的各級學校制服，在上衣、褲子或裙子上，都統一設有可書寫姓名的「姓名記入布」，方便所有者寫上自己的姓名。

接著，我們從一張攝於一九四二年的臺中師範附屬國民小學（今國立臺中教育大學附設實驗國民小學）新生入學紀念照中，可見學生們不分男女，都穿著官方頒布的統制制服；其中，男學生穿著國防色的摺領洋式制服，女學生則穿著領子有二條白線的統制

1942 年，臺中師範附屬國民小學的新生入學紀念照，照片中的學生無論男女，都穿著統制後的制服、制帽，整體看來十分整齊。

洋裝，整體看來相當整齊美觀。

配合制服的統一，臺灣官方也在一九四一年，進一步實施學生制服的配給，且為了推行這項配給政策，設立「臺灣學生服配給組合」，並決定：小、公學校、中等學校的學生，每年以二套制服為配給限額。

官方的制服統制以中等學校及小、公學校為主，至於中等學校以上的學生制服則配合國民服的施行，多改穿國防色或類似國民服樣式的制服，例如：臺北帝國大學農林專門部便以國民服乙號為學生制服，並採用國民帽為制帽，再透過帽子徽章上所繡的文字及領章上的文字來區分學生所屬的不同部門。

戰爭後期，隨著戰事日益吃緊，學校在節約物資的最高指導原則下，較不干涉、強求學生的穿著，這也使得學生的服裝呈現較為多元、雜亂的全貌。

譬如：在一張攝於一九四四年的新竹第一公學校（今新竹市立新竹國小）畢業照中便可見，只有部分女學生上半身穿制服，下半身多穿著所謂的モンペ，以方便空襲時躲藏，且由於花樣與顏色繽紛，學生們的服裝整體看來參差不齊。

右頁　一九四四年，新竹第一公學校畢業生的合影。由於時為戰爭末期之故，整體上，女學生的服裝顯得相　當混亂不一致。

上　穿著國防色制服的臺北帝國大學學生，他們頭上仍舊戴著黑色角帽，並在腳上打上綁腿。

第五章

【微觀下的制服面貌】

CHAPTER・5

前文按歷史的時間縱軸，依序介紹學生制服的概略演變，本章將以特定學校為例，自高等教育機構、中等學校到初等教育，由上而下、進一步梳理微觀下、細緻的制服樣貌。

一、高等教育——高等教育機構與師範學校

●高等教育機構●

由於殖民地性質的關係，日治時期臺灣的高等教育機構為數不多，除了一九二八年成立的臺北帝國大學（今國立臺灣大學）之外，只有臺北高等學校（今國立臺灣師範大學）及包含：醫學專門學校（臺北醫學專門學校，後併入帝國大學，成為附屬醫學專門部）、商業專門學校（臺北高等商業學校，今臺灣大學管理學院）、農林專門學校（臺中農林專門學校，今國立中興大學）、工業專門學校（臺北州立臺北工業學校，今國立臺北科技大學；臺南工業專門學校，今國立成功大學）等數間專門學校而已。由於這些學校的校名隨時代變遷而多所更迭，為了理解與行文之便，往後提到這些學校時都以上述校名稱之。

這些為數不多的高等學校，無論成立時間早晚或制度演變如何不同，學生制服都有頗多共通處，在校生除了穿制服上學外，還有帽子、鞋子等隨身配件。

首先，高等學校的制服都以立領學生服為主要樣式，一套制服包含：上衣、長褲與外套。不過，一九三二年，臺南工業專門學校曾短暫採用摺領西裝服為制服，因而顯得與眾不同，但維持不到二年又旋即改成立領學生服了。另外，一九三二年以前的臺北高等商業學校也曾以摺領西裝服為制服，之後才改成立領學生服，可見當時多數高等學校的制服均以立領學生服為主。

為了配合炎熱的臺灣氣候，有些

學校的制服出現「正服」、「略服」之分，「略服」通常指的是夏季的服裝，其色彩與材質與冬季的「正服」有所不同。

色彩方面，夏季服裝的色系較為淺、淡，如白色、霜降色（藍中雜白斑點）；冬季則以深色調的黑色、紺色為主。材質上，臺北帝國大學並無硬性規定制服的材質，有些學校不分季節均使用同樣材質的制服，部分學校則會因應不同的季節而以不同材質製作衣服。

在制服上的鈕釦方面，各間高等學校雖不盡相同，但多使用鋁、銅等金屬材質製作，以彰顯學生制服金光閃閃的神氣形貌。有些高等學校制服會在左邊的領章繡上英文字母，以區分各科系，例如：臺北高等學校以英文字母L代表高等文科、S為理科、P則是尋常科；臺中農林專門的農學科是A，林學科是L，一九二八年，其成為臺北帝國大學附屬專門部後，為了與原臺北帝國大學有所區隔，而在制服的領章右邊繡上了「專」字，作為附屬專門部的識別。

高等學校的學生制帽有「正帽」、「略帽」兩種，前者適用於冬季，後者則為夏季炎熱時所用。除了臺北帝國大學以角帽為正帽之外，其他高等學校多以黑色或紺色羅紗材質的海軍帽為正帽；而臺中農林專門學校在一九二八年，成為臺北帝國大學附屬農林專門部以後，帽子也旋即改採帝國大學的角帽。在這之中，較特別的是臺南工業專門學校曾以藍灰色防水材質的軟式鳥打帽（一種帶有帽檐的扁圓帽，即今日所稱的鴨舌帽）為學生正帽。不過，兩年後也旋即改成和其他高等學校相同的黑色羅紗材質海軍帽。另外，一九一九年時的臺北醫學專門學校有三種形式的正帽，各自的差別在於：正帽周圍環繞的白色線條數量，得以識別不同科別與年級的學生。

海軍帽除了帽子本身，另有黑色皮革的帽檐及帽帶。帽帶兩側有金色、可作為識別符號的鈕釦，如：臺中農林專門學校的金色鈕釦寫著「高農」的字樣。另外，正帽四周也會添加線條來區別各校，如：臺北高等學校的正帽側邊就有二條白線，而臺北帝大醫學部的帽子周圍同樣有二條白線圍繞，唯其白線較粗，至於預科生（升入本科前的準備階段）的帽子則只有一條白線。

由於各校正帽款式雷同，帽子正前方會有各校徽章作為識別，例如：臺中農林學校是金色「高農」字樣的徽章，臺北高等商業學校為金色「高商」字樣，而臺北帝大醫學部則為金色、金屬製的「醫」字。

略帽不論學校一律採用麥稈帽，

但一九一九年時臺北醫學專門學校的略帽同於正帽，也有三種形式：第一種麥稈帽周圍圍繞著黑色線段；第二種是在黑色線段中央另外交織著二條白線；第三種略帽則只有一條白線。

鞋子部分，高等學校各校一律以黑皮鞋為學生的制式鞋子，但學生平常也會穿著木屐或運動鞋上學。其中，較特別的是，臺北醫學專門學校與其他間男子中學校相同，附有「綁腿」的制服配件，這是在其他高等學校中所未見的。

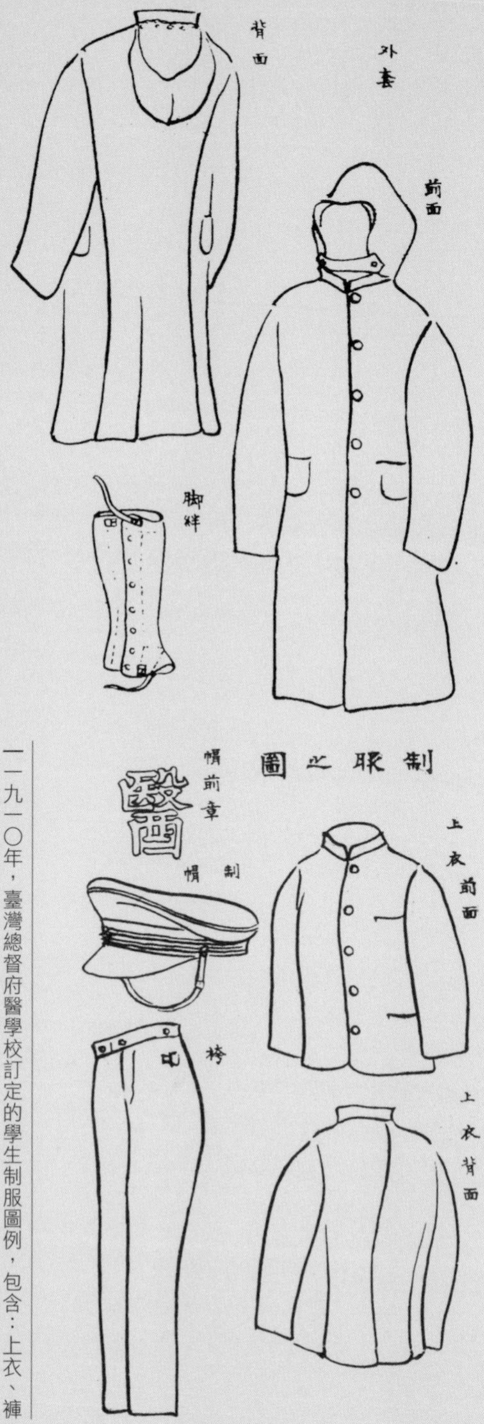

一九一〇年，臺灣總督府醫學校訂定的學生制服圖例，包含：上衣、褲子、帽子、徽章、外套及腳絆。

衣

前面

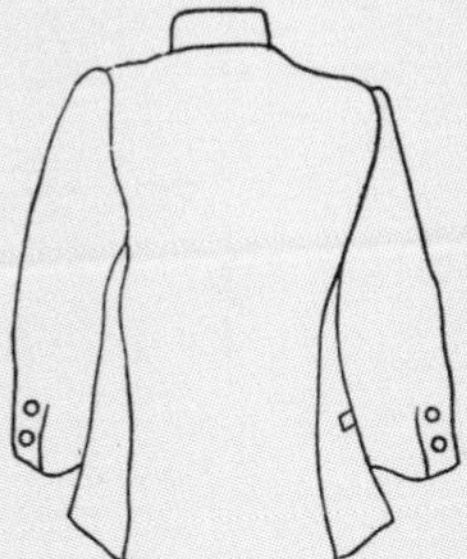

背面

袴

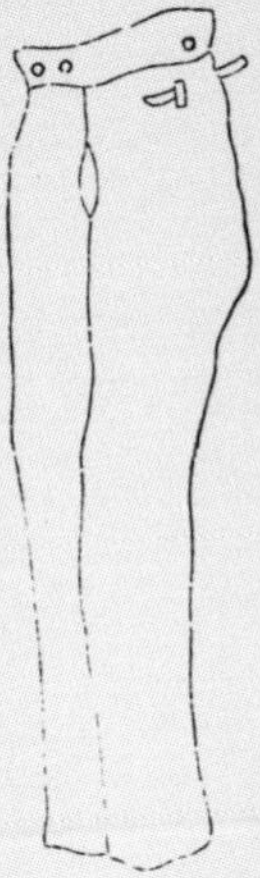

帽

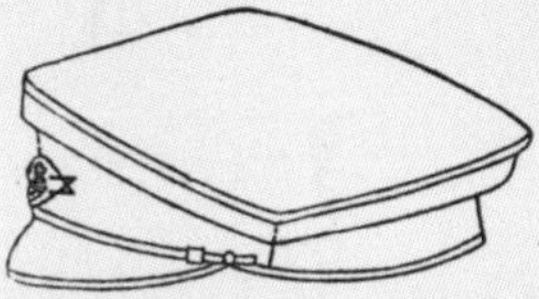

帽章

釦

一臺灣總督府醫學專門學校時期的學生制服，服裝相較過去沒有太大改變，僅帽章有所差異而已。

上衣前面

袴

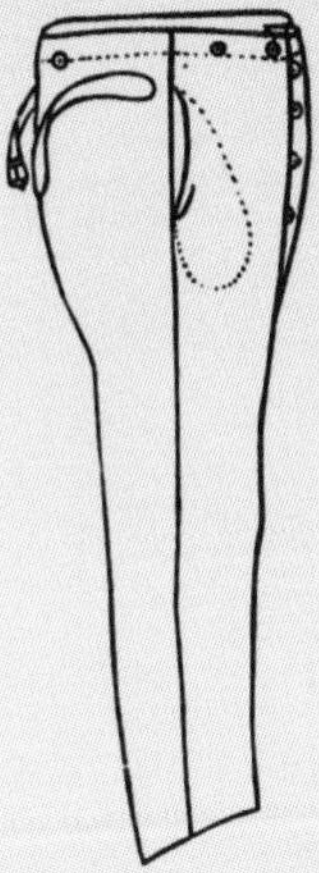

上衣背面

襟

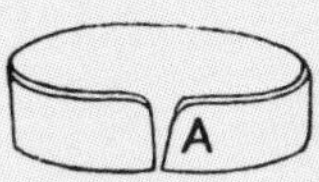

正帽（角帽形）

（農學）

（林學）

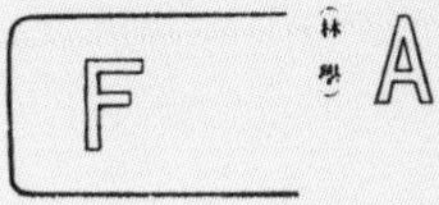

帽徽章 縱三・二糎（三二ミリ）橫二・五糎（二五ミリ）

略帽

上衣前釦 直徑二・三糎（二三ミリ）

上衣袖釦 直徑一・六糎（一六ミリ）

帽釦 直徑一・三糎（一三ミリ）

一臺北帝國大學附屬農林專門部的學生制服：上排左邊為立領學生服上衣，右邊為長褲；下排左一為制帽、徽章與夏季略帽，中間為上衣領章上所繡之代表不同科系的英文字母，下排則為不同配件的釦子。

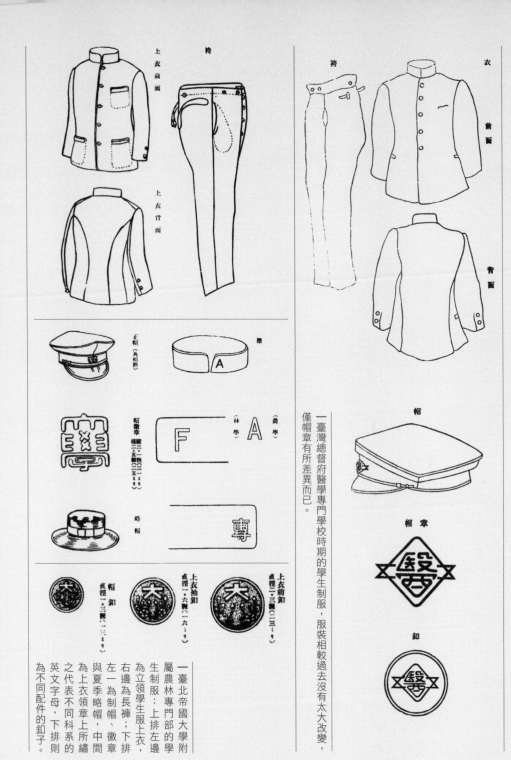

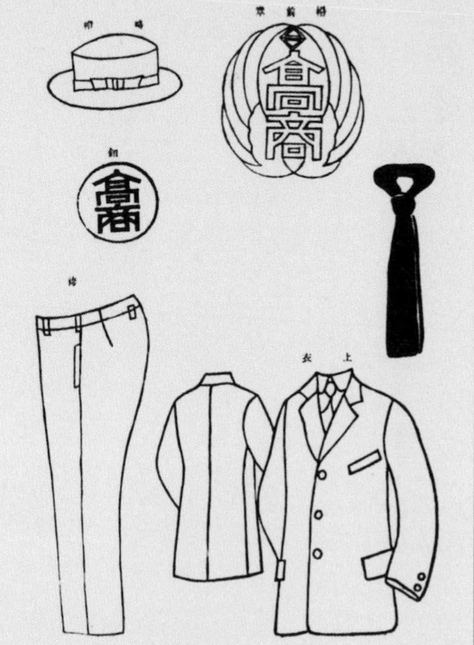

| 左　1932 年，臺北高等商業學校將制服更換為立領學生服，另有正帽、略帽、徽章、鈕釦等。

| 右　1926 年，臺北高等商業學校的學生制服：衣著為摺領學生服搭配同款長褲及黑色領帶，另可見略帽、徽章、鈕釦等配件，但圖片中未見正帽。

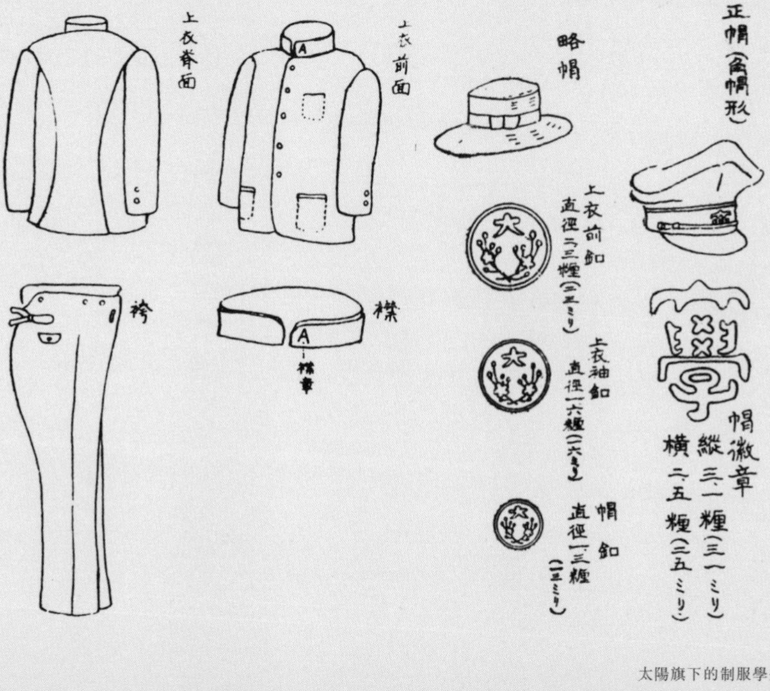

| 一九二八年，臺北帝國大學成立之初的學生制服，正帽與日本國內的大學相同，使用角帽，並以麥稈帽為略帽。圖片來源：臺北帝國大學，《臺北帝國大學一覽（昭和三年）》，一九二八年。

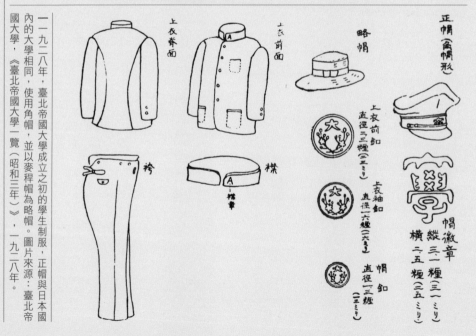

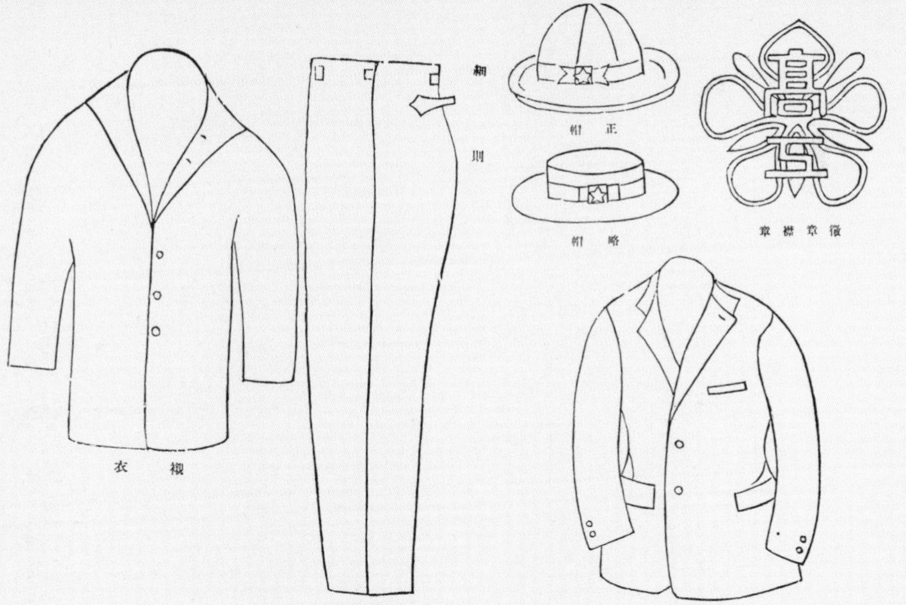

| 上　1931 年，臺北帝國大學學生合影留念，除了後排右三頭戴略帽之外，其餘學生所戴為正帽——大學角帽。

| 下　1930 年代左右的臺南高等工業學校學生制服，當時仍為摺領學生服，徽章上則有「高工」兩字。

項目／學校	成立時間	制服時期	帽子 正帽	帽子 略帽	制服樣式
臺北帝國大學附屬醫學專門部	1897	1910 年臺灣總督府醫學校時期	紺色、黑色羅紗材質的海軍帽樣式		立領學生服
		1919 年臺灣總督府臺北醫學專門學校時期	黑色羅紗質地的菱形帽（三種形式）	麥稈帽（三種形式）	
臺北高等商業學校	1919	1926 年臺灣總督府臺北高等商業學校時期	黑色羅紗材質的海軍帽樣式	麥稈帽	摺領西裝式學生服
		1932 年臺灣總督府臺北高等商業學校時期			立領學生服
臺灣總督府臺中農林專門學校	1919	1922 年臺灣總督府高等農林學校時期	黑色絨質的海軍帽樣式		立領學生服
		1928 年臺北帝國大學附屬農林專門部時期	紺色或黑色羅紗質地的角帽		
臺灣總督府臺北高等學校	1922	1922 年臺灣總督府臺北高等學校時期	黑色絨質的海軍帽樣式		
臺北帝國大學	1928	1928 年臺北帝國大學時期	紺色或黑色羅紗質地的角帽		
臺南工業專門學校	1931	1932 年臺南高等工業學校時期	藍灰色クレバネット質地軟式鳥打帽		摺領西裝式學生服
		1934 年臺南高等工業學校時期	黑色羅紗材質的海軍帽樣式		立領學生服

一日治時期臺灣高等教育學生制服一覽表

資料來源：整裡自《臺灣總督府臺北高等學校一覽（昭和十年度）》、《臺灣總督府高等農林學校一覽（自大正十五年至大正十六年）》、《臺北帝國大學一覽（昭和三年）》、《臺灣總督府醫學校一覽（大正六年）》、《臺灣總督府醫學專門學校一覽（大正十年）》、《臺灣總督府臺南高等工業學校一覽（昭和七年度）》、《臺灣總督府臺南高等工業學校一覽（昭和九年度）》、《臺北高等商業學校一覽（大正十五年）》等資料。

配件	鞋子	制服			服
		領章	鈕釦	質地	顏色
白生麻綁腿			素色鋁製	夏冬均小倉	夏季：白色 冬季：黑色、紺色
卡其色綁腿				夏季：麻布、綿布 冬季：ヘル質地	夏季：白色 冬季：黑色
黑色領帶			金釦	夏冬均小倉	夏冬均霜降
				夏冬均小倉	夏季：霜降 冬季：黑色、紺色
	黑色皮鞋	左方英文繡科系		夏季：亞麻布、小倉 冬季：紺絨、小倉	夏季：白色 冬季：黑色
		右方繡「專」字 左方英文繡科系		不限	夏季：霜降 冬季：黑色、紺色
		左方英文繡科系	黃銅	夏冬均小倉	夏季：霖降 冬季：黑色
		左方英文繡科系		不限	夏季：霜降 冬季：黑色、紺色
			紺色圓形	夏季：斜紋嗶嘰、麻布 冬季：斜紋嗶嘰	夏季（略服）：白色 冬季（正服）：紺色
		左方英文繡科系	金釦	夏冬季均是斜紋嗶嘰	夏季：白色 冬季：黑色

●師範學校●

師範學校的沿革極為複雜，最早可追溯自國語學校時期。一八九六年國語學校成立，而鑑於統治之初，總督府對教師需求的迫切，國語學校內部另外增設師範部，且全為公費，也是臺灣正式師範教育的開端。

一八九九年，「臺灣總督府師範學校官制」發布，第一條即明言：「師範學校是由臺灣總督管理做為培養國語傳習所公學校及書房義塾的教師養成所」。同一年，制定「臺灣總督府師範學校規則」，並分別設立臺北師範學校（今臺北市立大學）、臺中師範學校（今臺中教育大學）及臺南師範學校（今臺南大學）。

隨著時序推移，總督府對師範學校的態度時有所變，然而到了一九二二年，新臺灣教育令頒布之後，師範學校分設公學師範部及小學師範部，以分別培養公學校及小學校的師資。數量上，師範學校因不敷所需而陸續增設新竹師範學校（原國立新竹教育大學，現已併入國立清華大學）、屏東師範學校（今國立屏東大學），並於臺北增設臺北第二師範學校（今國立臺北教育大學），而原臺北師範學校則改稱臺北第一師範學校（原臺北市立教育大學，現為臺北市立大學）。到日治時期結束以前，全臺灣共有六間師範學校。

早在日治初期的國語學校時代，師範學校對學生服裝就有明文規定。在一八九六年制定之「公費生支付細則」的第五條，就明列師範部及語學部的學生服裝，主要包括：帽子、制服、鞋子及外套等。

帽子方面，分成正帽、略帽二種，正帽是黑色絨質的海軍帽形式，略帽是羊毛材質的拿破崙帽[1]。制服分為夏季及冬季的制服；夏季是白色小倉織附黑色鈕釦的達磨型上衣[2]；冬季制服的材質則為黑色毛嗶嘰或黑色小倉織，樣式與夏季相同，但釦子是白色；外套則為具防雨效能的橡膠材質大衣，並附有頭罩。鞋子是黑皮鞋，另有配件——軍用麻布綁腿。從知名企業家陳逢源就讀國語學校（一九〇七年入學，一九一一年畢業）所留下的照片中，即可見陳逢源和同學們穿著國語學校配發的冬季學生制服。

隨著一九一三年「臺灣總督府文官服制」與「臺灣總督府文官服裝規程」的修訂，國語學校的學生服也開始仿效文官制服。在一九二〇年的臺北師範學校服制規程中，便可見學生制服已採用文官服型的學生服，質地為黑綾織或小倉織，顏色維持冬季黑色、夏季白色，上衣的金色鈕釦上，則有「師」字樣與櫻花的圖案，帽子同樣是黑羅紗的海軍型帽，但周圍多了一條寬黑綾

陳逢源就讀國語學校時與同學的合影，照片中學生身上的制服就是國語學校配發的冬季制服。

織（黑蛇腹）線，並加上帽徽。帽檐是黑色皮革所製，側邊有附櫻花圖案與「師」字樣的金釦。夏季則加上白色日覆[3]。

另外，也開始以領章來區分師範部、國語部等不同學部、年級的學生。金色領章位於上衣兩側，本科生的領章是「師」字及年級數字；預科生的領章是「師」字加上櫻花圖案。至於小學師範部及公學師範部的學生，其制服上另外多了袖章，冬季的袖章上則纏繞著一條黑線蛇腹織紐，夏季則是白色。

到了一九二六年，臺北師範學校的服制有了一些修改，增加了「略衣」、「略袴」與「略帽」。其中，略衣採茶青色、木棉質地的摺領西裝樣式，正面左右各有一個口袋；略袴是類似騎馬時的短褲；略帽則是高度約三寸五分，邊緣約三寸的山高帽[4]，至於制服上的徽章、鈕釦、領章等則沒有改變。

進入戰爭時期之後，師範學校的學生服是否有所改變呢？一九三八年，臺中師範學校普通科一年級的學生服，包含：卡其色普通教練服、白色夏季制服、黑色冬季制服、卡其色的雨衣外套、制服、運動帽、橡膠底布襪、釘鞋、運動鞋、運動服、劍道練習服等。此時期的學生服在樣式上並無多大改變，只是隨著課程需要而出現逐漸細緻化的配件，例如：在體操課時穿運動鞋、跑步時穿釘鞋、劍道課時穿劍道練習服等。

一上　一九二六年，臺北師範學校校外旅行學生合影，照片中，學生穿著夏季制服，頭上的黑色制帽罩上了白色日覆。圖片來源：臺北師範學校，《臺北市立師範學校創立三十周年紀念寫真帖》，一九二六年。

一下　臺中師範學校的畢業寫真，前三排為師長，後兩排為學生。

二、中等教育——男子中學校與高等女學校

由於日本統治殖民地臺灣時採取差別待遇的教育政策，中等教育及以下便設置了分別給日本人、臺灣人就讀的學校，而男子中學校與高等女學校的狀況相同。以下，將分別就日本人就讀的中等學校與臺灣人就讀的中等學校加以介紹，觀察學生制服的發展是否因而有所差異。

●男子中學校●

臺北州立臺北第一中學校

臺北州立臺北第一中學校（以下簡稱臺北第一中學，即今臺北市立建國高級中學）為臺灣中等學校的嚆矢，主要招收日籍學生。一九〇七年獨立成為中學校時，採用木棉質地的普通立領學生服，夏季是白色，冬季是黑色。不久後的一九一〇年代，南部的臺南州立臺南第一中學校（以下簡稱臺南第一中學，即今國立臺南第二高級中學），則以摺領學生服為制服，顏色同樣是夏白冬黑。至於新制定的帽子上則附有樣式仿自日本京都第一中學校的徽章，帽子周圍的三條線則仿自陸軍，但將官帽上的三條黑線改採紅線，並附上夏季使用的白色日覆。

到了一九一一年，臺北第一中學將學生服細分成帽子、制服、作業服、外套、鞋子及綁腿等。帽子是黑色絨質的大黑帽子[5]，上頭的學校徽章、三條紅線及白色日覆不變。制服同樣採用立領的學生服，冬季是紺色或黑色，夏季為白色的小倉織質地，上衣鈕釦則為六個櫻花圖樣的金釦；褲子為與上衣質料相同的普通長褲，後面附有口袋。

新訂定的作業服是卡其色木棉質地的短袖立領學生服，上有六顆釦子；褲子則是質地相同、長至膝蓋的短褲，後面附有口袋，作為學生勞動時穿著的服裝。外套則為黑色或紺色的絨質雙重釦樣式，上頭有並排的六顆櫻花圖樣的金釦。鞋子是黑皮鞋，綁腿為麻製。到了一九二五年，新入學的一年級新生開始換穿霜降質地的制服，上衣的樣式為附有腰帶的立摺領。

一九三六年，為配合總督府的國防色要求，臺北第一中學新生的制服顏色也順勢變成國防色，樣式為：摺領附外口袋、近似軍服；帽子的顏色與服裝相同，但上頭仍維持一中傳統的三條紅線。隨著國民服令在一九四〇年頒布，全臺中等以下的學校配合總督府的政策，實施統一的學生制服，臺北第一中學也不例外，但越接近戰末，隨著原料取得日益困難，也變得較難以要

一九三九年的臺北第一中學的喇叭鼓隊，學生們穿著國防色、近似軍服的制服。

求學生制服的樣式與顏色。

臺中州立臺中第一中學校

臺灣中部的臺中州立臺中第一中學校（以下簡稱臺中第一中學，即今國立臺中第一高級中學），是臺灣人奔走、捐資下成立的中學校，主要供臺人子弟就讀。

關於臺中第一中學的學生服裝，首任校長如此說道：「制服與臺北總督府中學校差不多，唯鈕釦的徽章不同，帽子上附有專屬臺中中學學生之徽章……制服、帽子、鞋子、綁腿、外套、襯衣等購入費用約需二十元」。

可見臺中第一中學校的學生服是參考臺北第一中學校的制服，無論質地、樣式或顏色都大致相同，僅以不同的徽章加以區別。

到了一九二七年，學生制服有所修正，並區分成：帽子、制服、外套、鞋子及綁腿。帽子有正帽、略帽二種，正帽為黑羅紗質地的海軍帽，帽子側邊圍繞三條白線，與臺北第一中學校的三條紅線不同；略帽則是一般的麥稈帽，周圍同樣有三條白線，正帽與略帽的正面均附有學校的徽章。

制服上衣不同於臺北第一中學一開始的立領學生服，為霜降色近似西裝的摺領學生服，附有四顆鈕釦、左右各有一個口袋，口袋處有金色鈕釦。褲子為同質地的普通款長褲，左右各有一口袋。鞋子是黑色、附鞋帶的軍用皮鞋或短皮鞋，另有卡其色綁腿。皮鞋除了在儀式等特殊場合穿著外，其他場合都穿著運動鞋。

此後，學生服裝少有變化，直到皇民化時期，為因應戰爭需要，學生被要求在穿上制服後打上綁腿。

比較臺北第一中學與臺中第一中

| 上　臺中中學校第一屆的畢業生合照，多數學生身穿霜降色的摺領學生服，頭戴略帽──麥稈帽。

| 下　配合戰爭時期的需求，臺中中學校的學生服裝也走向國防色化，並同時在腳上打上綁腿。

學的學生制服，大正時期的樣式都是立領學生服，但同時期，南部的臺南第一中學及高雄州立高雄第一中學校（以下簡稱高雄第一中學，即今高雄市立高雄高級中學）都採用摺領學生服，可能是因為南部較為炎熱，而相較於立領，摺領較為舒適自在之故。因此昭和初年之後，臺北第一中學、臺中第一中學也因應臺灣氣候，跟著改為制定立摺領的學生服。總之，男子中學校的學生服相較多數高等教育機構的立領學生服，具有適應氣候變化的特色。

男子中學生的帽子與高等學校相同，有正帽、略帽兩種，正帽的樣式為海軍帽，略帽多為麥稈帽，二者正面都有學校的徽章，四周則圍繞著代表各校顏色的線條，具有識別的作用。一般來說，學生都穿黑皮鞋，另外還有運動時所穿的布鞋。

進入戰爭時期後，學生開始改穿著軍用皮鞋。搭配著變成國防色的制服，整體看來極富軍事色彩，其他各地中學校的制服的變化也類似如此，例如：一九三五年，高雄第一中學改穿黑色軍用皮鞋及國防色綁腿，然後接著在一九三七年換穿新的國防色制服。

● 高等女學校 ●

高等女學校與男子中學校相同，有專供日籍學生就讀的臺北州立臺北第一高等女學校和以臺籍學生為主的臺北州立臺北第三高等女學校，此二校為當時臺灣最具代表性的高等女學校。

臺北州立臺北第一高等女學校

創校之初，臺北第一高女沒有制服。由於主要招收日本子弟，故女學生們各自穿著傳統的日本和服上學。一九〇六年，制定了海老茶袴，上身仍著和服，下半身則要求女學生穿著海老茶色的袴，裙擺處有三條〇．四公分寬的白線，腳上穿著草鞋或木屐。對於制服，一九〇七年入學的女學生曾有以下敘述：

「入學時，高年級生把額前頭髮流成高的髮結，穿著下襬有三條橫邊的長擺褲裙，把紫色箭翎花紋的長袖翻起……」

到了約一九一七年，女學生穿著的海老茶袴，上衣袖長及袴長大大縮短，裡面穿著運動褲，同時廢除木屐、草鞋而改穿皮鞋，夏季是白色，冬季是黑色。

一九二二年，新臺灣教育令發布之後，學校制定新的洋式制服，並趁一九二三年四月，東宮皇太子來臺參觀學校時，讓全校學生穿著新款的洋式制服迎接皇太子。新款的夏季制服上半身是白色短袖襯衫，

| 左　1910 年代，穿著海老茶袴的臺北第一高女學生。

| 右　1923 年到 1933 年間，臺北第一高女的洋式制服採雙排釦設計，圖為冬季款。

搭配同色的皮帶與帽子，上衣的領子、袖口與口袋是水藍色，下半身則為十四褶的水藍色百摺裙。冬季制服則是有著雙排、六個鈕釦的紺色長袖上衣，搭配同色皮帶、帽子及十四褶的百褶裙。

上衣領子無論季節都有三條白線。據畢業校友的說法，這三條白色飾線代表校訓裡的正、強、淑三個字。至於運動服，夏季、冬季均為白色短袖襯衫，搭配黑色燈籠褲。

一九三三年起，配合學校新校舍的落成，入學的新生開始改穿著水手服搭配十四褶的百褶裙，上衣並繫有固定型的領帶，及由學生自己繡上校章圖案的口袋，夏季是白色短袖上衣，搭配紺色領帶，頭戴白色燈芯絨帽；冬季則是紺色長袖上衣，領子上有三條白線，搭配藏青色法蘭絨圓形帽。

一九三九年，總督府制定了統一

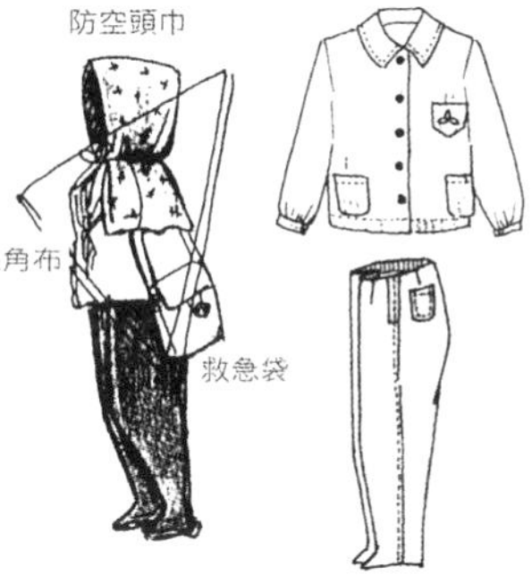

上　1933 年起，換穿水手服的臺北第一高女學生，此為夏季款。

右　戰爭時期，臺北第一高女學生的裝扮：頭戴防空頭巾，下半身穿モンペ。

的全臺中等以下學校制服，並將高等女學校納入制服統一的範圍，其樣式沿用水手服的型式。隨著太平洋戰爭爆發，為因應戰時的空襲與節約資源，制服又做了調整：上衣讓學生隨意穿著，只要顏色不要太顯眼、或引人注意即可，口袋上則別上校徽作為識別，下半身則穿モンペ，以方便戰時的勞動與躲避空襲。

臺北州立臺北第三高等女學校

以臺籍子弟為主的臺北第三高女，在創校之初同樣沒有統一的學生服款式，學校也沒有關於校服的規定，學生通常依循舊慣，穿著中式傳統服飾上學；上衣是大衿衫，下半身是中式裙或褲，長髮則或盤或紮地，於後腦理成髮髻或長辮，然後足蹬三寸金蓮。

然而，女學生的這般穿著卻被評為氣質不佳。因此，一九一〇年，學校仿效臺北第一高女的「海老茶袴」，制定了「紫紺袴」，並獎勵學生穿著，使得穿著者年年增加，至於上半身則沒有硬性規定，依然任憑學生穿著傳統的大衿衫。

一九一五年，藉著新建校舍及搬遷的時機，全校學生統一穿著紫紺袴。由於這款「紫紺袴」模仿者眾，校方因而在一九一七年，於紫紺袴下方附加二條黑線作為區別，這款臺灣服上衣搭配紫紺袴的制服持續使用至一九二三年。

一九二二年，隨著「臺灣教育令」頒布、「日臺共學」實施，開始有日籍學生入學，因此，原本的紫紺學生制服有了變化，而日臺共通的制服也成為必要。經過種種考究後，學生自一九二三年起穿著新制服：夏季是白色短袖的洋服上衣，下半身是長度過膝、上有二條黑線的格子狀百褶裙，另附有一條腰帶，並搭配白色燈芯絨帽。冬季則是紺色長袖洋服上衣，搭配同色、上有二條黑線的百褶裙，然後配上同色的圓帽。四季均搭配黑色長襪，並穿著黑色皮鞋或運動鞋。

到了一九二六年，原本不分季節的皮鞋、運動鞋開始有了季節之分：夏季改穿白皮鞋或白色運動鞋，冬季仍為黑色。此外，上面原有二條黑線的百褶裙，也因其他學校採用二條線的設計，容易產生混淆，而在一九二七年改成三條黑線，並以此代表第三高等女學校。

隨著時序推移，學生制服無論冬夏，剪裁上變得比以往更加合身，上衣長度約在腰際，並捨棄腰帶、省略裙襬上的黑線。一九三八年起，受皇民化運動影響，畢業生在畢業典禮時開始必須穿著白襟黑紋付的和服，這在遺留下來的畢業照中都可清楚看到。

一九四〇年左右，當全臺灣的高等女學校學生已一律穿上水手服時，臺北第三高女也不例外。從一

臺北第三高等女學校學生穿著 1923 年起採用的新式洋式制服，裙子上的二條黑線清晰可見。

| 上　1917 年臺北第三高等女學校的學生，下半身穿著學校統一制定的「紫紺袴」，上半身則是各自的中式大襟衫。

| 下　1924 年穿著前一年採用的新式洋式制服的臺北第三高等女學校學生，圖為冬季款。圖片來源：小野正雄編輯，《創立滿三十年記念誌》。

張攝於一九四三年的畢業合影中便可看到，學生穿著紺色的洋服上衣，但樣式已經變成水手服，從左右兩肩的領子依稀可見白色的條紋裝飾，腳上則因戰爭的影響而穿著木屐。

再從另一張未標示年代的學生服裝照片中，可清楚看見新式水手服的樣式分為夏季、冬季兩種。夏季是白色上衣附上藍色領帶，領子上有三條白線，左胸口袋上繡有校徽，袖口部分與領子相同，藍底交雜三條白線，下半身則是紺色、過膝的裙子，搭配白色圓形女帽；冬季是紺色上衣與同色領帶，領子上附加三條白線，左胸口袋同樣繡有校徽，並搭配同色的圓形女帽。

到了戰爭時期，臺北第三高女與第一高女類似，以便於行動的モンペ取代裙子，而モンペ也成為當時女學生制服的普遍款式。對學校機

關來說，愈到戰爭末期，服裝上的要求也愈加乏力與寬鬆。

三・初等教育——小學校與公學校

差別教育的情形不僅存在於中等以上的學校，連最基礎的初等教育亦不例外。日籍子弟就讀的初等教育與臺籍學生就讀的公學校就有所不同。以下，在分別介紹小學校與公學校的制服歷程後，將可了解二者的發展是否存在差異。

●小學校●

臺北師範學校附屬小學校是日本子弟初等教育的開端。作為一間位在臺北、專供日籍子弟就讀的小學校，如同臺北第一高女，學生最初都穿和服上學。但因和服本身的缺點及活動上多所不便，尤其是女學

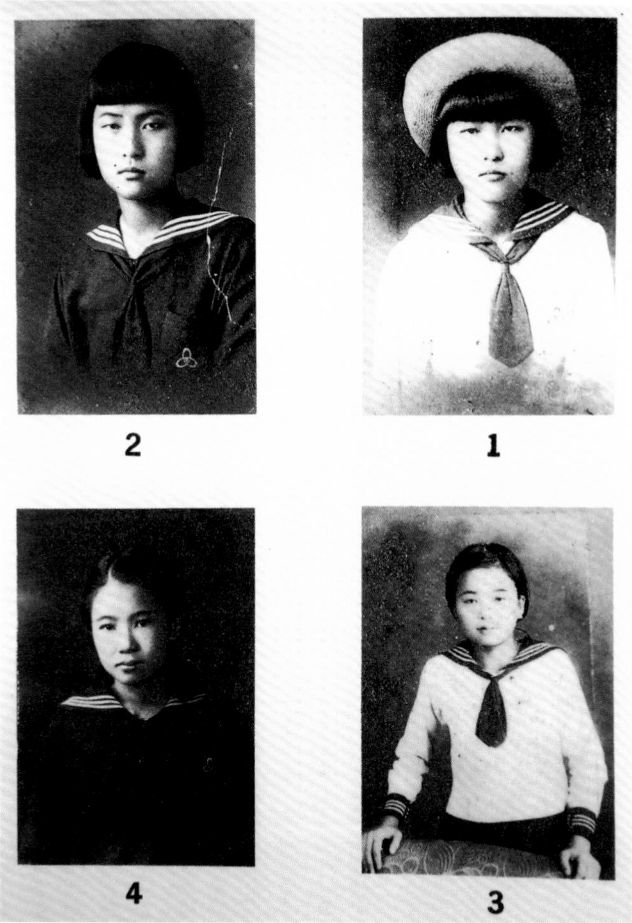

左 臺北第三高等女學校新式水手服的制服，左邊為冬季制服，右邊為夏季制服。

右 臺北第三高等女學校學生穿著白襟黑紋付的和服參加畢業典禮。

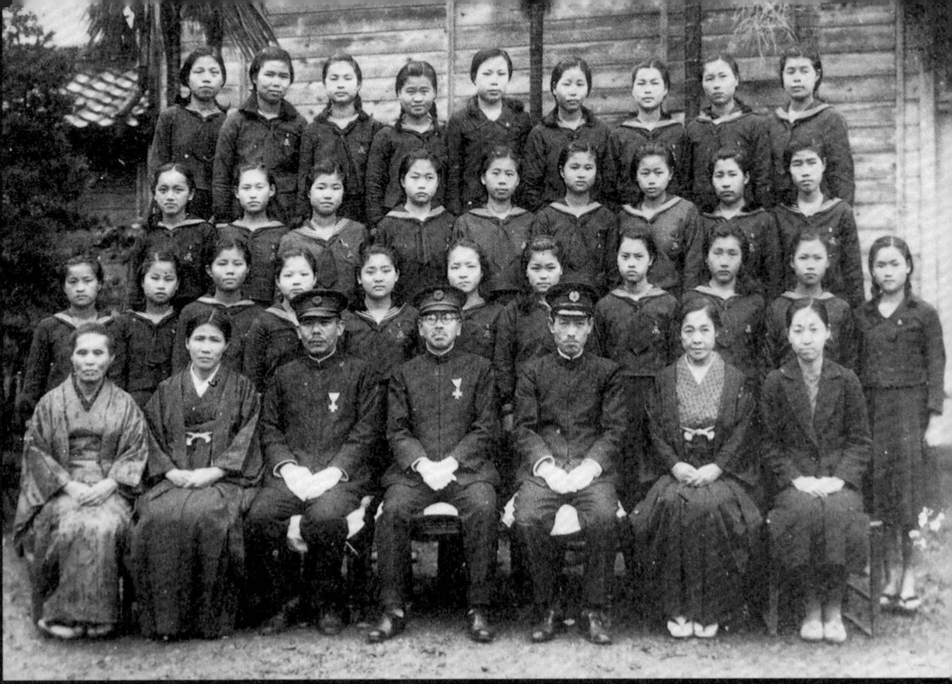

| 上　1943 年，臺北第三高等女學校的畢業生合影，從中可見學生穿著紺色水手服。

| 下　戰爭末期，高等女學校以モンペ取代制服的裙子，成為女學生普遍的穿著型態。

生穿著的行燈袴（日本和服的下裳，專門做為女性使用的稱之行燈袴，類似高等女學校的海老茶袴、紫紺袴），在體育課程或競賽活動時造成了不小的困擾，例如：跑步、拔河蹲下時，不僅不便且姿態頗不美觀。

考量重新製作一套衣服將造成家長們的經濟負擔，學校便只針對上述缺失進行改良。一九一三年，學校著手學生服裝的改良，隔開袴的前後與中央，並增加釦子，摒除過往女學生運動時姿態不雅的缺失。

改良後的行燈袴，的確解決了活動時的美觀顧慮，但改良後，行動依然不便，袴上的腰帶亦使腰部不利於活動，而活動時扣上的釦子，亦會造成運動時膝關節的不便，不僅阻礙雙腳活動，也使血路運行不順暢。

至於原先考量家長們經濟負擔的部分也未達預期的效果，因改良後的行燈袴在運動時容易破損，反而加重家長們的經濟壓力，因此長遠來看，無論經濟面或兒童的實用層面，制定運動時的專門服裝都有其必要。

一九一六年，學校制定了改良的運動服，其特點是廢除袴及腰帶，形成類似洋裝的服裝款式：袖長縮短至小臂一半，襬長也縮短至膝蓋左右。這套學校制定的運動服，因材料的關係，所以相當便宜，加上製作相當簡易，因此學校甚至期望，五年級以上的女學生能在老師指導下學習裁縫技能，進而自行縫製。

一九一八年，學生服再次改良，增加了摺領、口袋及隱藏的釦子，並開始要求全校女學生穿著。由於這種改良服較為簡易輕便，且能夠防止學生服淪為奢侈華麗的競逐，因而廣受學生及家長的歡迎。

一九二〇年代以後，北師附小的學生開始穿著洋式制服，男學生分成夏、冬季兩種，主要包含上衣、褲子、帽子與鞋子。上衣為洋式水手服，夏季為白色，冬季為黑色，肩膀後方有四角形的領襟，原採用立領領子的設計，但因考量拘束、壓迫而改成摺領；袖長約到手肘處，以利運動時的抒展。褲子是與上衣同色的七分短褲，右側有口袋，穿著時搭配長襪。

帽子有制帽、運動帽兩種。前者的款式為黑色、呢絨質地的海軍帽，帽子上部周圍附有白線及學校徽章，運動帽為運動時專用，附有紅、白兩色的帽檐。鞋子方面，則有正式儀式、祭典時穿著的黑皮鞋及運動用的橡膠帆布鞋。

女學生的服裝為一件式的連身洋裝，質料隨季節而有不同。夏季為白色，冬季為茶青色，衣領使用摺領，以防頸部狹窄、造成不適，袖子長度約到手肘。肩上有二、三條皺褶，裙子也有皺褶若干，這些皺褶除了裝飾效果外，也具有因應個人體格改變時彈性調整的功能。

除了北師附小在一九二〇年代，由和服轉變成洋服之外，一般小學校的情形究竟如何呢？以臺北城北尋常小學校（第二次世界大戰結束後已廢校）為例，一九一七年時，此校的男女學生都穿著窄袖和服上學，上學穿的和服以質樸、清潔為原則，需避免過於奢華的裝飾。夏季時，男、女生頭戴麥稈帽，運動、休息時則穿戴學校制定的運動帽，並可適時加上日覆。鞋子方面，除了一般的運動鞋、皮鞋，也可穿著木屐。

一位一九二四年畢業於明治小學校（今臺中市大同國小）的日本人回憶，他就讀小學校時，學校的服裝恰巧從碎白點花紋的和服變為洋服，女學生則穿著白色的水手服。一九二二年，因總督府「日臺共學」的政策而從公學校轉入小學校就讀的鄭翼宗便提到，父親替他訂做了一套和服作為學校制服，翌年（一九二三年），學校將和服改為洋服制服，但一般日籍學生可以選擇和服或洋服制服，臺籍學生只能穿洋式制服上學，而臺灣服僅限在家中穿著。

到了昭和時期的一九三〇年代之後，小學校的學生服變得比以往更加成熟，學生們都穿著洋式制服、鞋子（皮鞋）上學，當時就讀小學校的臺籍學生家中經濟條件多數較佳，故也和日籍學生一樣，穿著洋式制服與鞋子上學。譬如：出身臺南望族後代的黃天横就談到，由於家中經濟情況還不錯，他在約一九三〇年代、進入臺南的南門小學校（今臺南市永福國小）就讀時，就穿洋式的制服上學。

我們從一張攝於一九三九年，臺南花園小學校（今臺南市公園國小）的畢業照中便可見，照片中：男學生穿著卡其色的摺領洋式制服，搭配同色短褲，頭戴黑色海軍樣式的制帽；女學生則穿著當時相當普遍的紺色水手服。

由以上說明可知，以日籍子弟們為主的小學校，以一九二〇年為分水嶺，此前學生多穿著和服上學，並對和服進行改良、以便於穿著；一九二〇年之後，日人就讀的小學校陸續為學生訂定整套洋式制服。

● 公學校 ●

不同於以日本學生為主的小學校，於一九二〇年代以後，陸續制定洋式制服，臺灣人就讀的公學校在一九三〇年代以前，學生多無統一的制服，而仍穿著傳統的中式服裝上學。

1920 年代以後，臺北師範學校附屬小學校的男學生服裝，此為冬季制服。
圖片來源：臺灣總督府臺北師範學校附屬小學校研究部，《兒童の服裝に關する研究》，1922 年。

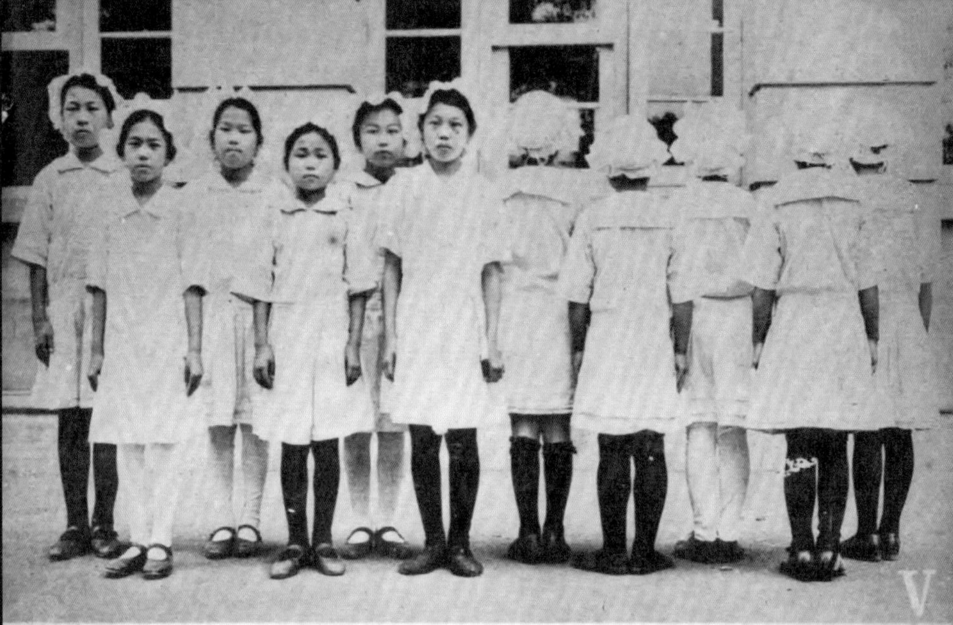

1920 年代以後，臺北師範學校附屬小學校女學生的服裝，上方為夏季服裝，下方為冬季服裝，除了顏色上有所差異之外，款式大致相同。圖片來源：臺灣總督府臺北師範學校附屬小學校研究部，《兒童の服裝に關する研究》。

臺南市花園尋常高等小學校卒業記念
昭和十二年三月(尋常科)

一九二四年進入清水公學校（今臺中市清水國小）就讀的前國策顧問楊基銓就在自傳裡提到：「公學校沒有學生制服，同學們各穿各的。我穿的是臺灣式的衫與褲，衫叫做『對襟子衫』用鈕仔鈕，褲是寬而軟的，穿上後要疊合並用布帶子束緊腰部。我日常一下床就赤足踏地，大部分是赤著腳上學。」

事實上，翻閱日治時期的寫真冊、畢業紀念冊等資料便可知，一九三〇年代以前的公學校，學生服裝的確以傳統的中式服裝為主。

若比較臺北錫口公學校（今臺北市立松山國小）的兩張畢業寫真便可知，在一九二〇年代的照片中，學生仍穿著傳統的中式服裝，但已有極少數學生戴帽子入鏡，但在另一張攝於一九二五年的照片中則可發現，除了帽子以外，少數學生已穿著洋式的衣服亮相。這反映了雖然公學校

| 左　1925 年，錫口公學校的畢業寫真，照片中的學生多穿著中式傳統服裝入鏡，但少數學生已穿上洋式的服裝並頭戴帽子。。

| 右　1920 年，錫口公學校的畢業寫真，照片中的學生仍都穿著傳統的中式服裝，但可見右邊幾位學生已經戴著帽子亮相。

並沒有制定學生服，但學生的服裝卻反映了當時社會上的服裝潮流，因而洋服的穿著才會逐漸出現。

根據一份臺北地區耆老們的訪問紀錄，到了一九三〇年代左右，臺北市內公學校的學生服，開始因學校位置的不同而產生差異。例如：當時就讀大稻埕（今延平北路一帶）日新公學校（今臺北市立日新國小）的校友就提到，由於學校位在大稻埕，學童家裡的經濟狀況比其他地方來得好，所以日新公學校的學生是穿著學校制定的制服與鞋子上學。一九三〇年代左右，臺中市區內的公學校學生也已穿著制服、制帽和鞋子上學。同樣是公學校，但若是郊區或地處偏遠的學校，在一九三〇年代初期，學生仍不穿制服和鞋子，而以傳統臺灣漢人的服飾為主，並打赤腳、走路上學，穿鞋上學者仍屬少數。

| 上　1928 年，臺北朱厝崙公學校第 16 回畢業寫真，照片中的學生不分男女，服裝上都沒有特別的規定，各自穿著傳統的中式服裝亮相。

| 中　1934 年，臺北朱厝崙公學校第 22 回畢業寫真，照片中的男學生已穿著制服、頭戴制帽，但女學生則沒有統一的服裝。

| 下　1936 年，臺北朱厝崙公學校第 24 回畢業寫真，照片中的男女學生都已穿著學校統一制定的制服，男學生為卡其色的摺領洋式學生服，女生為紺色水手服。

一九三〇年代石籠上的青年，碧潭。（簡永彬提供）
日治時期享有特權的高校生，以放浪形骸、不修邊幅著稱。身著敝衣破帽，腳踏高跟日式木屐闊步行走，長髮、蓬髮、腰際繫條長手巾，秋冬加件黑色斗篷，成為高校生的一般配備。

以臺北朱厝崙公學校（今臺北市立中正國小）的三張畢業寫真為例，一九二九年時，照片中的學生無論男女，都穿著傳統的中式服裝，顯見當時仍無統一的制服。到了一九三四年，男學生已穿著整齊的制服且頭戴學生帽，至於女學生則沒有統一的服裝。但我們從兩年後，一九三六年的畢業照中則可見，無論男女，都穿著統一的學生制服，男學生是卡其色摺領學生服，女學生是常見的水手服。

從上述小、公學校的學生服裝發展歷程中清楚可見，臺灣人就讀的公學校多未制定統一的學生制服（至少在一九三〇年以前），但以日籍學生為主的小學校到了一九二〇年代，都陸續制定洋式制服，以取代不便活動的和服。一九三九年以前，總督府對學校服裝並無統一的硬性規定，或許是因為考量學生制服會增加家庭經濟支出，進而影響臺灣人接受初等教育的意願之故。

到了戰爭時期，無論小、公學校，學生服裝都因受戰事影響而走向國防色化，並在總督府統一制定全臺中等學校以下的學生制服後，穿相同的服裝上學，前文已介紹過，在此不再贅述。

第六章 【校園制服面面觀】

CHAPTER · 6

一 先生們的打扮

「老師的肩膀掛著杓型的金辮帶肩章，反射陽光，閃閃亮著，連佩刀也發出金光……。老師也曾經在教壇上，手指著佩刀說：『就是這個，認真用功的人，才可升到判任官，有此榮耀。』這一句話一直牢記在健腦裡。可以的話，想去考師範學校。啊！在社會上的成功，能夠衣錦還鄉的日子。」

——〈過重〉，《張文環全集》

● 男先生的服裝 ●

一百年前，臺灣校園裡的學生在統治當局要求下，逐漸褪下原有的服裝，換上統一的制服。然而，同在校園裡的教師，是否和學生一樣，在服裝上也有一些規定呢？

日治時期的教師服裝，可說是男、女大不相同，男教師極早就換上統一的制服，但統治當局卻始終沒有針對女教師制定統一的服裝規範。

當時，學校教師主要有「教諭」與「訓導」兩種，教諭是正式教師及判任官，訓導則是教諭的助手，但也可視作判任官。

一八九八年以前，臺灣的官員穿著日本和服（當時的官員極少有臺灣人）工作，統治當局並以減損統治威信為由，禁止臺籍官員穿著中式服裝。一八八九年以後，臺灣總督府頒布「臺灣總督府文官服制」，適用對象為敕任官、奏任官及判任官，教諭由於身為判任官，因此也開始穿著判任官的制服。[1]同一年，另頒布了服裝規則，針對文官制服的穿著時間、季節與各項細節加以規範說明。

總督府在制定制服的理由書中提到：

「為了端正官吏的儀容並且維持

1908 年，南投公學校的畢業紀念照。照片中的男教師穿著文官制服並攜帶長劍。

官吏的威嚴與紀律，使官吏與一般民眾能夠加以分別，這在臺灣本島的統治上是必要的。過去武官與警察有特定的服制，唯獨一般文官是穿著隨意的服裝，這不但使官吏與民眾易於混淆，也造成職務推動上的不便，故為了易於辨別，也讓民眾對官吏產生尊敬之心，故須加以制定服制」。

從上述理由書的內容可知，因有制服作為身分的誇示，官民之別才得以彰顯。一九〇九年起，新竹出身的臺籍教諭蔡式穀[2]成為首位穿上文官制服的臺灣人。

一九一三年，總督府明文規定，將學校訓導也納入文官制服的範疇，當時擔任學校訓導的多數臺籍男教師也可換穿文官制服。當時在新竹公學校擔任教師的黃旺成[3]，在總督府發布擴大文官制服適用對

| 上 1926 年銅鑼公學校第 23 屆畢業紀念照。照片中，前排四位男教師穿著全套的判任官制服禮裝，配戴肩章，且仍可見其攜帶長劍。

| 下 1944 年，蓬萊公學校全體教師合影。照片中，男教師們的穿著顯得較為多樣化，甚至可見腳上綁著綁腿。

象的消息後，馬上和同事們前往訂製文官服，並在收到後，立即穿上文官制服到校上課。

一九一八年，隨著日本原敬[4]內閣上臺，加上受到大正民主風潮的影響，殖民地統治政策改採「內地延長主義」，文官制服的存廢與否也在臺灣掀起很大的爭論，最後雖然不像殖民地朝鮮、關東一樣遭到「廢除」，但也做了一些調整。

一九二〇年，文官服制進行修正，廢除衣袖上的金章，並將長佩劍改為短佩劍，但實際上，佩帶長劍仍為教師們在正式場合的禮裝，這點從留下來的老照片中便可見得。至於帽子上原本用來區分官階的金線，則是正帽照舊，略帽上則不再有官階之別。

進入戰爭時期後，由於國民服令的頒布，加上戰事吃緊，反映在教師穿著上的則是男教師的穿著變得較為多樣化，除了黑色立領的制服外，也可見到有人穿著國民服，甚至有制服與國民服混搭的現象，部分教師甚至打上綁腿。

● 文官禮服 ●

男教師穿著的文官制服主要分為：外套、褲子、帽子及佩劍等。外套為附一排鈕釦的黑色立領短外套。袖口有一至三個直徑七分的台字金章（按官階大小，敕任官、奏任官、判任官依序是三個、二個、一個），並圍繞著一條一分寬的茶褐色線及三分五厘寬的金線。

外套上則別有肩章，肩章材質底面為皮革，正面鋪著五寸五分長、四寸一分寬的銅絲鎏金肩章及由金絲編織而成的流蘇金穗，惟低階判任官的肩章上沒有流蘇金穗，並依官階大小，附上一到三個台字金章。褲子是普通款的長褲，顏色、質地都與外套相同。

帽子為狀似圓形並附有黑色前簷的大盤帽，兩側各有一個台字金章及金釦，上頭的徽章是直徑一寸五分的金色旭日章，周圍依官階大小，圍繞一至三條四分寬的金線。

佩劍方面，劍柄是長五寸的白鮫材質，上頭附有台字金章，劍鞘為二尺三寸長的黑色皮革製成，佩劍另附有劍帶及劍緒。佩劍外表也依官階大小而有所異，敕任官是二朵附葉子的櫻花，奏任官是一朵，判任官則是花葉。

大致上，文官制服看似相同，但從袖子、肩章上的台字金章數量、帽子上金線的數量、佩劍上的圖案等都可看出細微差異，這也使得即使身穿整齊的文官制服，也能藉此分辨官階大小，進而確立身分上的倫理秩序。

但在此要特別說明的是，對教師

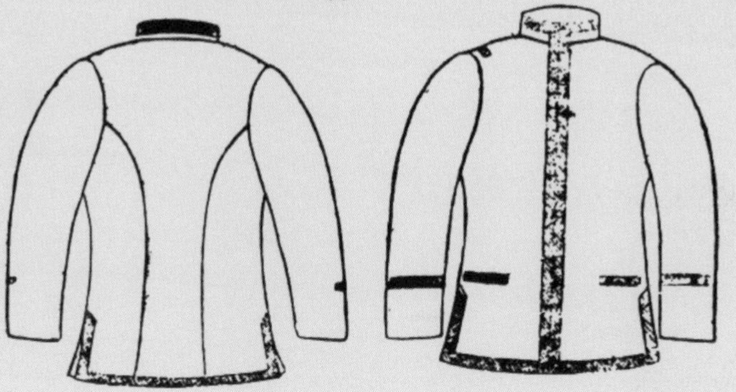

上 由左而右依序是：敕任官、奏任官及判任官的文官制服，可由袖口與肩上的「台」字金章數量加以區別。

下 一九二〇年修訂後的文官制服。與之前的差異在於廢除袖口、肩章上的台字金章，改採七子織的黑色線條。

來說，平常上課只需穿著一般制式的黑色立領西服，並不需要配戴金色肩章、佩劍與制帽，配劍多數時候放在辦公室。只在重要的節日或典禮，例如：畢業典禮、天長節、紀元節、始政紀念日等時才需穿著正式的文官制服，並配戴金色肩章、佩劍與制帽。

● 令人稱羨的文官服 ●

一九〇〇年代初期，臺灣社會出現教師應穿著制服的聲音，一九〇五年的《臺灣教育會雜誌》裡便談到：制服可被視為一種同化的方式，而學校教師身為臺灣社會的表率，為了和過去的教師與一般民眾有所區別，除了剪斷辮子外，也應穿著制服，以使教師們充滿自信與希望，進而讓外界產生崇敬之心。

事實上，日後臺灣總督府制定文官制服的理由書中，也可讀到相似

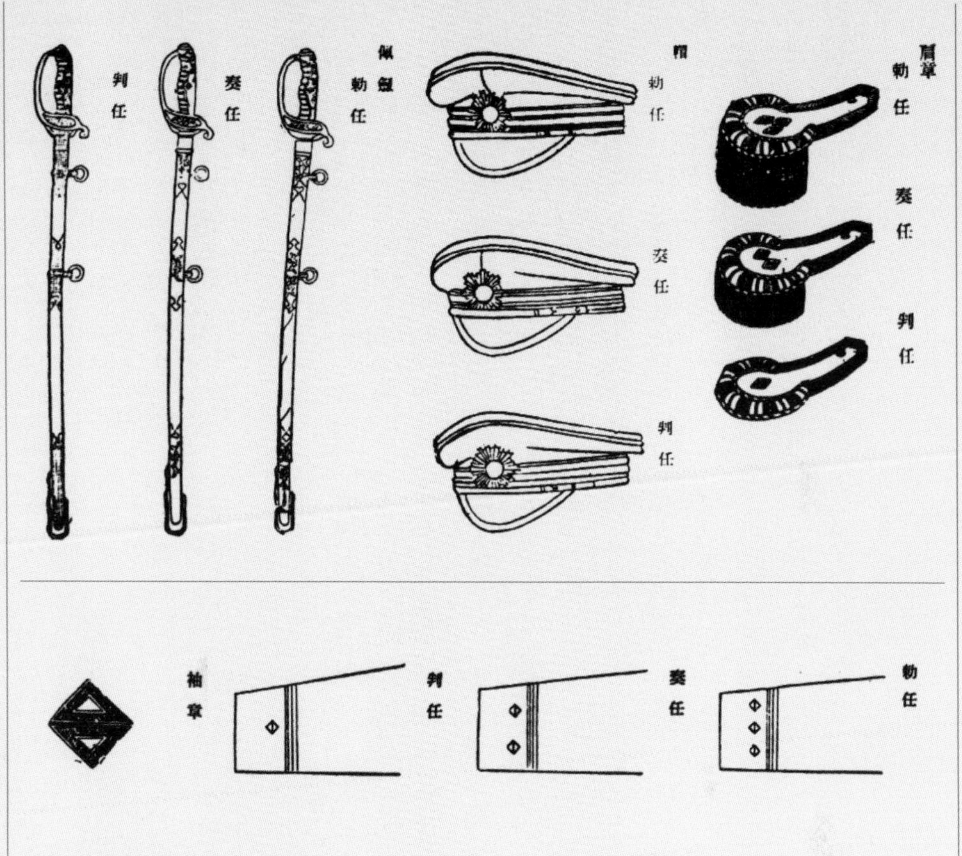

上排由左而右依序是：文官制服上的佩劍、制帽、肩章；下排是袖口上的台字金章。

論點，但這種期望是否奏效，真的讓臺灣民眾、學生對官員（包含教師）產生崇敬之心呢？

在《阿媽的故事》中，一位生長於日治時期的阿嬤有這麼一段回憶：

> 在那個年代，「訓導先生」（公學校的臺籍教師）是了不起的人物，在地方上地位崇隆，連日本人也不得不另眼看待。不說別的，那一身文官服打扮，早期，帽腹有金線，衣服有金鈕釦，閃閃發亮是不用說的，腰際還佩一把短劍。後來才換成據說是海軍軍官式的，金線、金鈕釦等全部取消，佩劍也換成長的，不過只在慶典時佩，簡直可以說是威風凜凜。

文史工作者黃天橫先生也提到，他有個朋友在日治時期擔任學校約聘人員多年，但因非正式公務員，所以始終無緣穿上文官制服，直到日本戰敗前一個月才成為正式公務員的他，為了一償宿願，甚至在戰爭結束前夕，特地趕製一套文官制服穿去上班。

這也說明了，學生乃至於一般民眾，對身穿文官制服的教師，內心都會升起一股油然的欣羨與敬畏。學生們眼中的教師，不僅是學習的對象，教師們的價值觀與教導，也因而能讓學生自然而然地吸收。對學生來說，制服就是身分與地位的象徵，而當學生接受、認同制服代表的「成功」意涵時，也將進而服膺於統治政權。

類似心情也反映於穿著者（教師）本身。楊肇嘉[5]曾在日治時期擔任教職，起初他是雇員，因雇員沒有文官制服可穿，因此，當他穿著一般的立領詰襟去學校，而被校長介紹給全校認識時，他便因為沒有穿著制服亮相而感到羞愧。

> 我看到當時大家都以奇異的眼光注視著我，迫使我的自卑感又不禁油然而生。「我穿的是一件有如火車站工役穿的服裝。可是別的老師們穿戴的卻是繡有金紋的文官服和文官帽，腰際還配著寶劍，看來威風凜凜。相比之下，亦顯得我的寒酸可哂。」我雖竭力保持平靜，但與學生們帶有輕蔑的視線相交時，總免不了一陣羞赧之感湧上胸頭。唯一的辦法只有勉強振奮，盡量克制住自卑感，默默地跟在學生後面進入教室。

心懷不滿的不僅楊肇嘉本人，他的養父也常抱怨，沒穿制服的楊肇嘉真沒出息，並認為：「人家能穿上那麼神氣的服裝，為什麼他老是穿著如火車站工役一般的服裝呢？」

一九一六年，當楊肇嘉經由考試升任學校的訓導後，他終於穿上文官制服了。對於這樣的轉變，他描述道：

> 當了訓導，便有那金色條紋的漂亮制服可以穿戴，又可以戴上威風的佩劍；我因為沒有制服和佩劍而被人歧視已經很久了，對之嚮往也很久了。因此在接到合格證書時，實在太高興了。……一九一六年十月二十五日，我跑到專門供應這些制服、制帽及佩劍、肩章的店舖去訂了全套配備，花錢一百二十四塊，可見虛榮心之作祟。把制服穿上身，走起路來佩劍克察克察地響，神氣極了。尤其每逢舉行什麼典禮時，穿上光輝的制服，配戴長劍與同事們並肩而立，以往的自卑感頃刻雲

消霧散了。

除了楊肇嘉本身的欣喜得意，家人們也同感榮耀，他的養父也開始對他另眼相看。這些現象都說明了，不僅外在者以敬畏、欣羨之心看待文官制服，即使教師本身，對於能夠穿上文官制服，也同樣備感榮耀與欣喜。

黃天橫就認為，學校教師穿著文官制服及佩劍，這是日本統治者意圖使被統治的臺灣人對統治者產生畏懼、欣羨之情。同時，這種裝扮也會讓教師自己充滿朝氣與自信，因而除了以穿著整套制服為榮耀外，更進而以自己的職業為傲。

當制服成為現代紀律與精神的代表，佩劍則為統治權威的誇示，除了藉此展現統治者的權威，也進一步使臺灣人喪失自己的人格自信、服膺於統治者，藉以穩固統治基礎。

簡言之，文官制服使教師與政府官吏一致，都成為殖民統治的象徵，這也是統治者賦予制服的意義。

● 女先生的服裝 ●

相較於男教師穿著文官制服，統治當局對於女教師的服裝則無相關規定，一方面是因為，初期女教師的數量比男性少；再者，女教師們多為穿著和服的日籍女教師，即使有極少數的臺籍女教師，也多依循當時臺灣社會的流行穿著。

一九一五年，大稻埕女子公學校的畢業紀念照中，便可見男教師穿著正式的文官制服，並配有肩章、手持佩劍，女教師則有兩種穿著：其一，日籍女教師穿著日式和服，第二種則是穿著傳統中式服裝的臺籍女教師。

隨著西式洋服逐漸進入臺灣社會，女教師的穿著也開始呈現中西混搭的樣貌。在一張竹東公學校的教師合照裡，便可見女老師以傳統的臺灣服為上衣，下半身則搭配西洋裙，也有女老師穿著整套洋服，顯示她們的服裝大致遵循當時臺灣社會的服飾流行。

直到一九一九年以後，兩次「臺灣教育令」頒布，當總督府開始有規模地培養女教師，使得臺籍女教師逐年增加，女教師的服裝穿著課題才日益引人注目。

一九二一年，臺南最早提出關於高等女教師改良服的建議，原則上以淺色洋服上衣為主，下半身搭配深色長裙與皮鞋，然後頭戴圓帽，但這僅止於建議，並沒有強制性。

到了一九三三年，臺南教育當局召開會議，會上針對女教師的服裝提案討論，並徵求與會成員的意見，但最後也未有決議。

事實上，以往雖然沒有制定女教

上　一九一五年大稻埕女子公學校第五回畢業紀念照，照片中可見男教師穿著正式的文官制服，並配有肩章、手裡佩劍。而右前方的女教師則有兩種裝扮：日籍女教師穿日式和服，臺籍女教師著傳統中式服裝。

下　一九二七年竹東公學校的教師合照。照片左前方的三位女教師分別身穿臺灣服與西洋服，腳上則是深色皮鞋。

師的服裝，但外界對其卻有相當多意見，例如：一九二三年就有一名讀者投書報紙，認為相對穿著樸素的日籍女教師，臺籍女教師的服裝似乎過於虛榮、奢侈；身為教育現場的教育者，教師的穿著竟像花街柳巷的青樓女子，這種現象大大有害於學生。

一九三三年，臺北市決定，小、公學校的女教師需穿著標準服，所持的理由即是：「往往趨於尖端，時髦裝束，殊不知為學界中人。殊如本島人女教員中尤覺有此現象。」所謂女教師的標準服，是以白色大摺領襯衫搭配黑外套和裙子，並依出席場合的不同穿著黑、白兩色。

除了臺北市之外，進入戰時體制後的一九三七年，基隆市也以涵養學童的日本精神為由，開始要求市內的臺籍女教師需穿著日式和服授課。

公開欄

本島人女教員の服裝に就て

S生

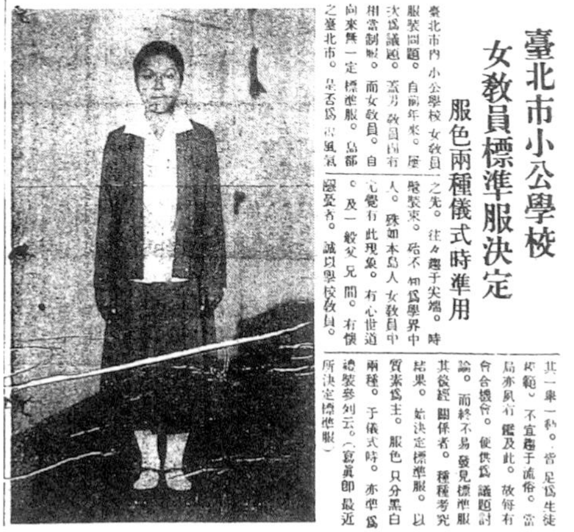
臺北市小公學校
女教員標準服決定
服色兩種儀式時準用

臺北市內小公學校女教員服裝問題。自前年來。屢決爲議題。蓋男教員固有相當制服。而女教員。自向來無一定標準服。島都之臺北市。是否爲出風氣之先。往々趨于尖端。時髦裝束。殆不知爲學界中人。殊如本島人女教員中尤覺有此現象。有心世道。及一般父兄間。有慨隱憂者。誠以學校教員。其一舉一動。皆足爲生徒模範。不宜趨于流俗。當局亦夙有鑑及此。故每有會合機會。便供爲議題討論。而終不易發見標準服其後經關係者。種種考究結果。始決定標準服。以質素爲主。服色只分黑白兩種。于儀式時。亦準爲禮裝參列云。（寫眞卽最近所決定標準服）

一右　一九二三年讀者投書報紙，提出對臺籍女教師服裝的看法。圖片來源：《臺灣日日新報》一九二三年二月四日，第三版。

一左　一九三三年，臺北市小、公學校的女教師標準服。圖片來源：《臺灣日日新報》一九三三年十月二日，第四版。

至於在一九三三年就制定市內小、公學校女教師標準服的臺北市，一九三八年時也以經濟考量及活動便利為由，重新制定新的女教師標準服；新發表的女教師制服同樣是白襯衫，但裙子換成深藍色，並沿用原本的黑外套，但夏季的外套則改成白色。

一張一九三九年，臺北市轄下的蓬萊公學校（今臺北市蓬萊國小）教師合影照片則可見到，照片中的女教師們都穿著臺北市規定的標準服，而白襯衫外搭黑外套的穿著也相當一致。

回顧女教師的穿著，不同於男教師在初期就已穿著文官制服，初期總督府並沒有統一制定，而任憑日籍女教師穿和服、臺籍女教師著中式服裝，但隨著社會上服裝潮流的演變，中西混搭日益普遍，並逐步往洋服邁進。

| 上　1939 年臺北市蓬萊公學校的教師合影，照片中的男教師穿著文官制服，女教師也穿著臺北市制定的整齊標準制服。

| 下　1940 年苗栗銅鑼公學校的教職員合照。照片中的女教師雖然都穿著西式洋服，但服裝形式並不一致，顯見女教師們沒有統一的制服。

到了日治後期，部分地方政府才開始針對女教師的服裝加以規範，但其餘各地仍是隨意穿著，例如：在一九四〇年，苗栗銅鑼公學校的教職員合照中便可見，男教師們穿著統一的制服，乍看之下，女性教職員雖然都穿襯衫、裙子搭配西裝外套，但若細看則會發現，有些襯衫為翻領，有些不是，顯見每個人的服裝樣式仍不一致。

為何男、女教師在服裝上的規範會有如此差別呢？有學者認為，這是因為最初洋服引進日本時，即被當成一種男性的象徵而穿用於公領域；其中，文官制服做為一種表彰公權力的洋式服裝，當然也為男性所獨佔，且基本上為女性所不能染指；這種思維同樣反映於教育機構，因而形成男教師穿文官制服，女教師無統一服裝的現象，而殖民地臺灣自然也因受日本國內影響而有相似發展。

話雖如此，社會上對於女教師的服裝也非全然放任，一般社會大眾認為，女教師的服裝應以樸素為原則，奢華浪費為大忌，因為若過於浮華、豔麗，除了會對學生造成負面影響外，也會引起家長反感，進而成為教育的一大阻礙。如此社會壓力與期望，自然也如實呈現於女教師服裝的色調與樣式上。

二　與眾不同的原民生

教育蕃民是我政府責任，開發蕃地是培養富源之要務。蕃民不通事理，迂於社會世事，苟不待言。……臺灣將來之事業看在蕃地，若要在山地與起事業，首先要使蕃民服從我政府，使其得正常生活途徑，脫卻野蠻境遇。——民政局長水野遵

●統治者眼中的原住民●

相較於臺灣漢人，日本統治下的臺灣原住民其地位相當特殊，這從臺灣總督府有關蕃務（即原住民事務）的法令（關於「蕃」字的用法，是依照日治時期統治者的一般用法，以下為了如實行文，仍然延續使用，並非對原住民有任何不敬或藐視之意，特此說明），幾乎都是對漢人的規範或對理蕃官員（負責原住民事務的官員）的訓示，而從未將原住民列為法律主體這點即可窺知。這也是為什麼要將原住民學生服裝特別獨立出來說明的理由。

統治者將日治時期的原住民分為：「熟蕃」、「化蕃」與「生蕃」三種。「熟蕃」指的是居住於普通行政區域，進化程度與漢人相同的蕃人；「化蕃」是居住在普通行政區域之外、稍有進化的蕃人，有幾分臣服於帝國主權的事實（如納稅）；

至於「生蕃」，則為進化程度最低、住在普通行政區域外，全然不服從帝國者。

對官方統治者而言，住在普通行政區內的熟蕃，由於服膺日本統治，享有日本國民的權利；相反的，未服膺日本統治的化蕃、生蕃，便成了討伐綏撫的對象，而臺灣總督府背負著將他們教化成恭順臣民的權力與責任。

事實上，不僅官方的態度如此，一般日本人的看法也頗為類似。一位當時在臺的日本人即認為，日本身為統治者，有責任給予臺灣原住民文明教化與啟發；首先，可從教導日本語、穿著日本服裝等短期內看得見成效的方式著手，這些外觀教化同時也具有精神同化的意味。其次，則要進一步打破原住民的陋習、迷信與不衛生，使他們從野蠻邁向文明。

●原住民的教育政策●

由於原住民地位特殊，不同於在臺日人與漢人，因而也發展出獨樹一幟的教育制度。日治時期的原住民教育（蕃童教育）分為蕃人公學校及蕃童教育所兩種。蕃人公學校提供住在行政區域內，開化程度較高的熟蕃子弟就讀；蕃童教育所則以行政區域之外、不服從統治的生蕃為主。

再者，二者所屬的機關與制度也截然不同。蕃人公學校由學務部（即教育主管機關）管轄，蕃童教育所則歸撫墾署（為日治時期的臺灣短暫設置過的機構，主要掌管原住民族行政及山林資源開發的相關事務，後移為警察本署管轄），這是由於理蕃事業的最終目的是達到蕃人（生蕃）的同化，因此教育也被視作理蕃事業的一環。

由於蕃人公學校負責的教育單位與師資都和一般漢人相同，加上一九二二年修訂「臺灣教育令」，消除日本人與臺灣人的教育差別，這也適用於原住民教育上，因而廢除蕃人公學校的「蕃人」二字，改依循「臺灣公學校規則」，此後，其幾乎與漢人公學校無異，故一九二二年以後所指的原住民教育，其實是理蕃機構掌管的蕃童教育所。

正因統治者背負教化原住民的重責大任，原住民的教育目標理所當然地也依循這項原則。一九二五年，官方便企圖藉由一場臺北市舉辦的「臺北州警察衛生展覽會」，達成宣揚警察事務與統治成績的效果。在臺北州警務部出版於一九二六年的《臺北州警察衛生展覽會寫真帖》中，便收錄了此次展覽會的相關內容與圖片；從「理蕃館」中陳列的圖片或可看出，統治者對原住民教育的態度與立場。

在一幅包含兩張圖片的展示照片中，其中一張是警察牽著原住民兒童，另一張則是警察用繩子牽引著原住民兒童，兩張畫面表現的都是：警察身為蕃童教育的教師，負有教化原住民兒童的職責，而使用「蒙昧」與「文化」、「暗夜」與「黎明」這種對立的用語，也意味著：接受教育的原住民，將從矇昧的黑暗邁向文化的黎明。

另一張圖片，則企圖在同個畫面呈現原住民兒童接受教育與否的差別：未受教育者穿著暴露不雅，言行舉止粗野鄙俗；反之，受過教育的原住民兒童，不僅衣著整齊潔淨，且舉止溫和有禮，將這兩種原住民兒童並列，可突顯接受教育的必要性。

在另一張圖片中，則展現了原住民教育實施的今昔對照。未經教化的原住民，一貫地呈現衣著不整、粗俗無禮的形象，但經過統治者的教化之後，人人衣著整齊，言行恭謹大方，已成為忠良國民的代表。

對統治者來說，原住民教育的目的是啟迪民智，涵養常識，促使原住民產生自覺進而增進生產。因此，除了獎勵常用國語之外，還特別著重國民精神的領會，使個人做為國家的一員，成為善良、自律、有生產力的日本國民。

接下來，我們讀一段當時一位名叫劉範徵的中國福建省立甲種農業學校學生，來臺參訪後，於《臺灣旅行記》寫下的文字：

生蕃為臺灣之野蠻人……不著衣

蕃童教育之下，警察的角色與功能。

服而以雜色布屑文身；但此為未開化者。今則有少數已開化者亦入學校為學生，印有影片，其服飾全不類此，且其成績亦有可觀；足見教育之為功大也。

官方欲加諸於原住民的企圖，從外國人的這段敘述來看，顯然地達到了預期的效果。

●服裝改善與學生制服●

原住民的傳統服飾不僅用料少、樣式簡略，有些甚至會暴露下體而不甚雅觀，這讓已接受西方文明的日本人難以接受。因此，總督府認為，除了藉由實施教育以外，還要改變原住民的服裝，才能達到開化原住民的目標。

對此，總督府企圖透過各種方式倡導原住民的服裝改善，例如：臺北州理蕃課就透過將衣服、材料巡迴轄下各原住民部落的方式，來鼓勵原住民改穿日本的改良和服。花蓮港廳甚至針對轄下的阿美族女性服裝，對外進行募集、審查及制定，採取臺灣服與洋服折衷的方式來制定專屬阿美族女性的服裝，並從各校女學生、女子青年團的成員開始推廣穿著，以期逐漸普及於一般原住民部落。

上　有無蕃童教育的差別。

下　蕃童教育下的今昔對照。圖片來源：《臺北州警察衛生展覽會寫真帖》，1926 年。

在統治者鼓勵與推動下，原住民的穿著逐漸產生變化，一位名叫西岡英夫的日本人，於一九三〇年左右遊歷各原住民部落時，就記錄了在風俗習慣逐漸改變時，原住民兒童、青少年及婦女自傳統服飾改穿碎白花紋的和服及洋式制服的情景。

除了改善一般原住民的服裝，統治者也藉由強制原住民兒童上學的穿著來使成效更為顯著；由於蕃童教育所的教育經費全由總督府支付，所以所內的學生服裝都是官方配發的日式和服。

從一張攝於約一九二〇年代，角板山蕃童教育所的照片便可看見，教育所的學生都穿著象徵日本精神的和服，而且男學生頭上還戴著制帽，看起來相當整齊一致。另一張攝於約一九三〇年代的角板山蕃童教育所照片，學生們坐姿端正地坐在教室裡，且不分男女，全員穿著

GROUP OF ABORIGINES, KOTOGI.
紅頭岐蕃人集合 (三十二)

對日本人來說，傳統原住民的服飾用料少，樣式簡單，有些族群甚至會暴露下體而不甚雅觀。

日式和服，雖然花色並不一致。

然而，在另一張同樣攝於約一九三〇年代的烏來蕃童教育所照片中，卻可發現，全體學生並沒有全部穿著日式和服，之中因為還夾雜著原住民傳統服裝而顯得雜亂無章。至於另一張拍攝年代不詳的照片則是攝於蘭嶼的蕃童教育所，之中仍可見學生赤裸上身、穿著傳統服飾。

這種差異之所以存在，是因為蕃童教育所分為甲、乙兩種。甲種教育所依蕃童教育標準，具有作為蕃童教育的常用設備，設施較為完整，且給予學童的餐點、文具用品乃至服裝，一切都採公費制。相較之下，乙種教育所以警察駐在所的一角為場地，不僅沒有專用教室，也並非全部由公費支應，因此所有設備因陋就簡；直到一九二八年以後制定新的「教育所教育標準」，才撤除

一九三八年，萬大社的原住民婦女。照片中雖有婦女穿著原住民服飾，但也有婦女已經換穿日本和服。

一九二〇年代左右的角板山蕃童教育所，學生們均穿著官方配發的日式和服，男生頭戴制帽，整體看來相當整齊一致。

甲、乙兩種教育所的區別。

再者，實為理蕃政策一環的蕃童教育所，經費受到理蕃經費多寡的影響，在經費有限的情況下，自然無法全部滿足全臺各地蕃童教育所的經費需求。因此，在有所取捨下，總督府勢必選擇若干教育所為對外宣傳的樣板，而角板山就是一間這樣的教育所，其所呈現出的畫面當然是精心設計後的結果。

到了一九三〇年代，蕃童教育所的學生服也邁入新階段。和臺灣其他一般的小、公學校一樣，逐漸走向洋式制服。一九二八年，臺灣總督府修訂新的蕃童教育所教育標準後，花蓮港廳進一步制定地方的教育要項，以求更細緻地將規範統一，之中也出現關於蕃童教育所學生服裝的規定。

教育要點中明列之蕃童教育所的學生服裝規範如下：不分男女，凡

The School for Young Savages Kakuban, Formosa

—左上　一九三〇年代左右的角板山蕃童教育所，學生們穿著日式和服，端坐在教室裡。

—右上　一九三〇年代左右的烏來蕃童教育所，學生們的服裝稍顯雜亂，除了日式和服外，也可見學生穿著傳統原住民服飾。

—下　紅頭嶼（蘭嶼）蕃童教育所，學生們仍舊赤裸上身，穿著傳統服飾。

新購買或訂製時，都須按照一定的標準。男學生上衣是霜降色小倉質料（結實耐磨的棉織布）的立式摺領洋式制服，下半身為附有腰帶的短褲，夏冬兩季通用，頭戴黑色呢絨材質的圓形制帽，帽檐是黑色皮革，帽上附有徽章；夏季另可加上白色日覆。女學生則是黑色木棉或斜紋嗶嘰布料的洋式制服，下半身穿裙子，而在領子、袖子處，各有一條二點五公分寬的白線，並且頭戴黑色木棉材質的大黑帽。

• 三 不可或缺的小配件 •

所謂的「學生制服」，不僅是身上穿的衣服，頭上戴的帽子，腳上穿的鞋子，身上別的徽章，還包括體育課穿的運動服，全都是學生制服不可或缺的配件。

● 頭頂上的學問——學生帽 ●

「制帽」指的是規定的帽子，而「學生帽」則是規範學生們要戴的帽子，相對學生們身上的制服，學生帽也可稱為制帽。

日本制帽的制定，最初起於一八八四年，「為了防止學生出入花街柳巷等不正當場所」，東京大學制定了學生統一的帽子，一開始是採取勸導方式要求學生穿戴。三年後，文部省（教育部）制定制服的同時，制帽也一併出現。

由於最初制定制帽是為了防止學生墮落，因此制帽類似制服與徽章，都具有標誌符號的意義：透過讓學生穿戴統一的制帽，突顯學生身分，而穿戴者屬於哪一所學校，也都能透過頭上的學生帽一目了然。

日治初期的臺灣，除了國語學校外，其餘學校多放任學生隨意穿著，當然也沒有硬性規定要戴學生帽。國語學校因為公費之故，在一八九六年的「公費生支付細則」中，制定了統一的學生制服，當中也包含學生帽在內，但由於當時的臺灣人多仍留著辮髮，所以一位國語學校畢業的校友就描述了入學之際，制服制帽和辮子搭在一起的不協調、怪異景象，隨著剪辮，這種情形也就不再出現了。

以國語學校為嚆矢，中等學校以上的學校陸續制定了學生制服及制帽，其樣式多依循軍帽，但會在帽子加上線條以為區別，例如：臺北第一中學是三條紅線，臺中第一中學是三條白線，除了在正式場合使用之仿效軍隊樣式的正帽，另外則以麥稈帽為學生平時穿戴的略帽。

大正中期，隨著臺灣教育令的發布與修訂，高等學校、男子中學校以外的各級學校，也開始採用洋式制服為學生服，連帶地也訂定了學生的制帽，如：北師附小在一九二〇年代就以海軍樣式的帽子為制帽，另有運動時專用的運動帽。臺北城北尋常小學校則不分男女，使用麥稈帽與運動帽。

高等女學校採用圓頂女帽為學生制帽，材質則隨季節而有所不同。譬如：臺北第一高女夏季是白色燈芯絨帽，冬天則為藏青色法蘭絨圓形帽。臺北第三高女也大同小異。

臺北帝國大學在一九二八年創校後，與日本內地的大學一樣，採用「角帽」（四角形的學生帽）為學生制帽的正帽，並以麥稈帽為略帽。

最初的學生帽不分季節，只有一種樣式，但從衛生觀點來看，夏季既穿著較為涼爽的服裝，為何學生卻要頭戴冬季的帽子？再者，在炎熱的夏季裡，頭戴材質厚實的帽子，不但不符合衛生原則，也會使學生頭暈目眩，因此可以發現，進入大

○國語學校給費生支給規程 （國語學校規定）

第一條　明治二十九年九月府令第四十號第五條ニ依リ師範部竝ニ語學部生徒ニ支給スル被服及ヒ其支給期等左ノ如シ

師範部

品名	地質	製法	在學中支給個數	支給期
正帽	黒絨	海軍略帽形	一	初年一
略帽	アルパカ	ナポレオン形	一	初年一
夏服	白小倉織	ダルマ形白色ボタン附	三	初年二　次年一
冬服	黒ヘル	ダルマ形黒色ボタン附	一	初年一
冬服	黒小倉織	ダルマ形黒色ボタン附	二	各年一
襯衣	綿フラネル	通常	三	初年二　次年一
襯衣	白木綿	通常	四	各年二
ヅボン下	綿フラネル	通常	二	各年一
ヅボン下	白木綿	通常	四	各年二
靴	革	通常　短靴	四	各年二
靴	革	通常　半長靴	一	初年一
靴足袋	綿	縁通常	四八	每月二
外套	ツヤケシゴム布	防雨用但シ頭巾附	一	初年一
脚絆	麻布	軍用製	三	初年二　次年一

語學部

品名	地質	製法	在學中支給個數	支給期
正帽	黒絨	海軍略帽形	一	初年一
略帽	アルパカ	ナポレオン形	二	初年一　第三年一
夏服	白小倉織	ダルマ形白色ボタン附	四	初年二　次年一　第三年一
冬服	黒ヘル	ダルマ形黒色ボタン附	一	初年一
冬服	黒小倉織	ダルマ形黒色ボタン附	三	各年一
襯衣	綿フラネル	通常	四	初年二　次年一　第三年一
襯衣	白木綿	通常	五	初年二　次年二　第三年二
ヅボン下	綿フラネル	通常	三	各年一
ヅボン下	白木綿	通常	四	初年二　次年一　第三年一
靴	革	通常　短靴	六	各年二
靴	革	通常　半長靴	一	初年一
靴足袋	綿	縁通常	七二	每月二
外套	ツヤケシゴム布	防雨用但シ頭巾附	一	初年一
脚絆	麻布	軍用製	四	初年二　次年一　第三年一

第二條　生徒中半途退學ヲ命シタル者ニハ支給シタル被服一切ヲ返納セシム

第三條　支給シタル被服中左ニ記載シタル物品ハ悉ク之ヲ保存シ置クヘレ

但シ止ムコトヲ得スシテ保存シ能ハサル場合ニハ其ノ旨舍監ニ申シ出テ指揮ヲ受クヘシ

一帽子　一夏服　一冬服　一靴　一外套

第四條　食費及ヒ手當金ハ入學ヲ命シタル當日ヨリ支給ス

第五條　疾病ノ爲メニ入院ヲ命シタル者ニハ入院ノ翌日ヨリ退院ノ當日迄食費ヲ支給セサルモノトス

第六條　父母病氣ノ故ニアラスシテ歸省シタルモノニハ出發ノ翌日ヨリ歸校ノ當日迄食費及ヒ手當金ヲ支給セサルモノトス

第七條　入院ヲ命シタル者ニハ中等療養費ノ標準ヲ以テ支給ス

第八條　疾病ノ爲メニ轉地療養ヲ命シタルモノノ治療費ハ自辨トス

第九條　國語學科生徒ニ支給スル被服及ヒ其ノ支給期等左ノ如シ

品名	地質	製法	在學中支給個數	支給期

1896 年，國語學校的「公費生支付細則」內對於制服制帽的規定。

圖片來源：臺灣總督府民政部總務局學務課編纂，《臺灣總督府學事法規（明治 35 年）》，1902 年。

臺北第一高女學生身穿夏季水手服，頭戴夏季制帽——白色燈芯絨帽。

左　臺北師範附屬小學校的學生，頭上戴著海軍樣式的制帽。圖片來源：臺灣總督府臺北師範學校附屬小學校研究部，《兒童の服裝に關する研究》。

右　臺北第一高女冬季制帽——藏青色法蘭絨圓形帽。。

正時代中葉以後，開始出現夏季之麥稈質地的學生帽。

到了戰爭時期，為順應國策，總督府對於全臺學生的服裝實施統制（統一控制），學生帽方面，由於過去的原料主要仰賴國外進口，但隨著戰事加劇，則改以大甲帽、林投帽[6]取代羅紗、布帛等製帽原料，但卻產生不肖業者提供劣質學生帽的情形，對此，總督府責成臺灣帽子同業組合聯合會進行檢查，並於一九四〇年八月一日起，在全臺灣各地設立帽子的檢查所，檢查通過的帽子才可以販賣，而學生在購買時，也需購買檢查合格的帽子，這種做法和現今的商品需經過經濟部標準檢驗局檢驗通過頗為類似。

此外，總督府在一九三九年，統一了全臺小、公學校、中等學校的制服與制帽。中等學校男學生一律採用海軍樣式的學生帽，夏季略帽

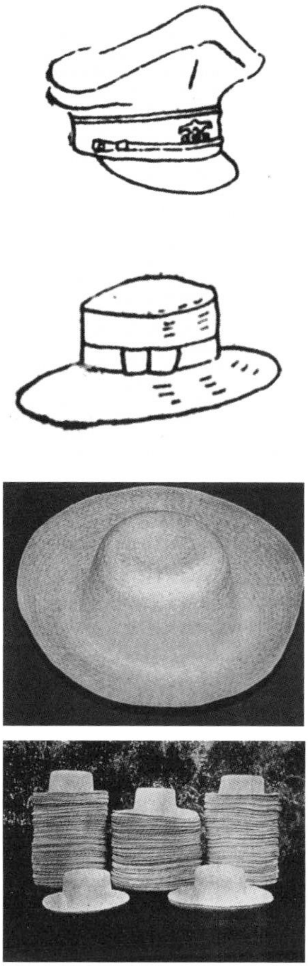

由上至下依序是：臺北帝國大學學生正帽——角帽、臺北帝國大學學生略帽——麥稈帽、大甲帽、林投帽。

則由各校自訂；高等女學校以大甲帽為夏季制帽，冬季則不限；小、公學校的男學生，制帽近似中等男學生的海軍帽，略帽則是大甲帽或林投帽；小、公學校的女學生則未加以規定。

●學校的象徵——校徽●

學生制服和制帽做為一種標誌符號，可以區別不同學校的學生，同樣地，由於各校都有各自的獨特校徽，因此透過徽章，也可讓觀看者察覺所屬的學校團體，並藉此表達一所學校的精神與文化意涵。

尤其當一九三九年，全臺灣的中、小學學生制服統一之後，徽章更扮演起辨別學校的重要功能。例如：畢業於臺中中學校的校友就曾說：「在臺中街頭，看到穿著和服，頭戴三條藍色帽子的學生，從徽章辨別可知是臺中中學校的學生。」

徽章的使用源於日本，一八八六年，東京高等師範學校便以「法蘭西式的士官正帽，搭配『高師』兩字及十六瓣的菊花紋樣徽章」為學生的制帽，此徽章本身在制定時即蘊含著國家主義、軍國主義的性格，也有統制性、一致性的意涵。

臺灣的各所學校承襲日本內地的學校，也陸續制定了校徽。高等教育機構的校徽相較於其他層級的學校較為簡潔，譬如：臺北醫學專門學校在一九一〇年，就以金色、金屬的「醫」字為學校徽章，到了一九一九年有了些許變化，雖仍以金色、金屬的「醫」字為主，但多了邊框，「醫」字的字型也不同以往的正體字。

臺中農林專門學校在臺灣總督府高等農林學校時期，使用金色的「高農」兩字為校徽，其在一九二八年，成為臺北帝國大學附屬農林專門部之後，也改採與臺北帝國大學相同的金色、金屬「大學」兩字為徽章。至於臺北高等商業學校，則以金色的「高商」兩字為主。

臺北高等學校的校徽，則由著名畫家鹽月桃甫以芭蕉闊葉及椰子樹葉尖展開設計，因此又稱為「蕉葉校徽」。椰子葉代表勝利、正義、上進，三角形象徵平等、安定及進步，三角的頂角分別代表真善美、科學藝術宗教、教育道德體育不偏的理想。在師範學校，臺南師範學校的校徽以櫻花圖案為底，中間的「師」字則代表師範學校。

在中等學校方面，臺北第三高女在一九一九年，以菊花混櫻花形成的女字為校徽。菊花、櫻花是日本國花，菊花代表潔淨、清純，櫻花則有樂觀、開朗的意涵，藉此象徵第三高女學生的特質。

臺北第二高女則趁著創校十五周年向外界廣徵募集，其校徽是：一面鏡子搭配撫子花，鏡子是日本古代的神器，為日本精神最珍貴的象徵，而常保明鏡止水之心便意謂著永保反省之心；撫子花是日本的象徵，這種擁有持久特質的花朵具有堅忍不拔、貞節操守的意涵，也象徵謙遜、質樸，為適合詮釋日本女性特質的花朵，可見人們期待臺北第二高女的學生具有日本傳統女性的理想特質。

南臺灣的高雄高等女學校校徽，最外圍的鏡子輪廓象徵女性的心性，第二層的藍海與白浪則代表高雄港，最中間的綠色「女」字則是高雄高等女學校。中間置入圓弧造型的「高中」兩字。新竹中學校以三瓣竹葉（表示：知、情、意）為底，內嵌一個「中」字為代表。臺中中學校則以櫻花圖案為底，加上中間一個金色金屬「中」字做為學校校徽。

在初等教育方面，日治時期臺灣第一所小學——芝山巖（今臺北市立士林國小），在八芝蘭公學校時期的校徽相當類似於臺南師範學校，同樣以櫻花圖案為底，並以中間的「公」字代表八芝蘭公學校；在更名為士林公學校後，校徽的櫻花圖案稍微變化，且變為藍色，圍繞兩個以紅色線條組成的圓形，正中間則用一個紅色的「林」字取代「公」字來代表士林公學校。

新港公學校（今嘉義縣新港國小）的校徽與士林公學校類似，同樣以櫻花為底，並以中間的「新」字代表新港公學校。另外，礁溪公學校（今宜蘭縣礁溪國小）的校徽亦以櫻花為底，然後以中間的「礁公」兩字來代表礁溪公學校。

除了櫻花圖案之外，也有校徽以櫻花葉為底，例如：雙溪公學校（今新北市雙溪國小）就以三片櫻花葉為底

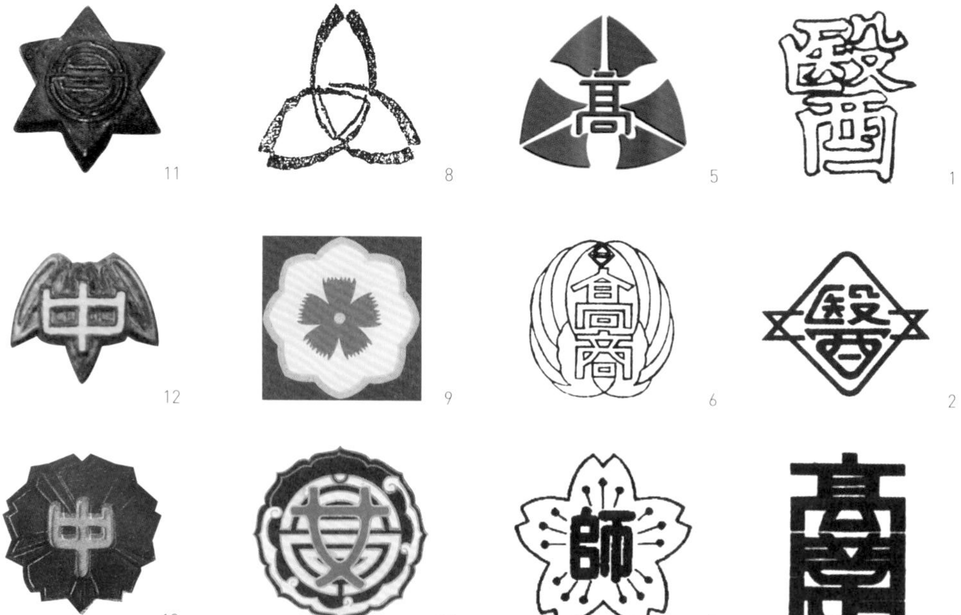

11　8　5　1

12　9　6　2

13　10　7　3

4

1. 臺灣總督府醫學校校徽
2. 臺灣總督府醫學校校徽
3. 臺灣總督府高等農林學校校徽
4. 臺北帝國大學附屬農林專門部時期的校徽
5. 臺北高等學校校徽
6. 臺北高等商業學校的校徽
7. 臺南師範學校校徽
8. 臺北第三高等女學校校徽
9. 臺北第二高等女學校校徽
10. 高雄高等女學校的校徽
11. 高雄第一中學校學校徽
12. 新竹中學校校徽
13. 臺中中學校校徽

圖，並以中間圓框內的「双」字來代表學校。臺北第二師範學校附屬公學校（今國立臺北教育大學附設實驗國民小學）的校徽也類似雙溪公學校，以中間的「附公」代表附屬公學校。至於大溪公學校（今桃園市大溪國小）的校徽則是一朵六小片葉子及三大片櫻花葉環繞的花朵，並在花的中央寫上「大公」兩字。

象徵日本皇室的菊花，也常被拿來當作校徽，譬如：臺北蓬萊公學校的校徽，最外圍是一個圓，中間則是八瓣的菊花，象徵對日本皇室效忠，而最裡面則是白鶴，也名為仙鶴，因白鶴具有純潔、敏捷、積極、負責等特質，加上其壽命在鳥類中算是長壽，所以也具有幸福長久的意涵。

有些學校則會以學校所在的環境特色為校徽設計的依據，譬如：北投公學校（今臺北市北投國小）便在紅色外框中，以中間的「北」字形巧妙融合了溫泉的符號，說明了北投位處溫泉區的特色。豐原公學校（今臺中市豐原國小）則因位於盛產稻米之處，所以校徽外圍以稻子環繞成心臟的形狀，而中間的「豐」字除了代表豐原公學校之外，也有物產豐收的象徵意義。

觀察不同層級教育機關的徽章便可發現，日治時期的學徽約略可分成以下幾種：第一種是單純文字的徽章，主要以高等教育機關為代表，譬如：臺北醫學專門學校及臺中農林專門學校。第二種則以圖形為主，並在圖形中間輔以文字表達，中等學校及初等學校的校徽多屬這種形態；而這些圖形，多以象徵日本精神的櫻花、菊花等植物為主，而正

1

2

3

4

1. 八芝蘭公學校時期的校徽
2. 更名為士林公學校後的校徽
3. 新港公學校的校徽
4. 礁溪公學校的校徽

中間的文字則是學校校名的簡稱。至於第三種，則以學校所處的地理環境、特色、產物為圖樣，中間則同樣是代表學校校名的文字。

四・第二套服裝——運動服

日治時期的學生與當今的臺灣學生相同，除了制服以外，另外還有一套學生服，也就是運動服（或稱體育服）。

運動服的出現，源於學校體育教學的需求。傳統的日本和服是將雙腳包裹在一起，因而不利於運動時的伸展，活動時也會造成很大的束縛，而相較和服來說，洋服在活動時則較為便利。

一八八六年，日本「學校令」頒布，也將體操納入學校課程，男學生以兵式體操和普通體操為主，女學生則著重於遊戲式的普通體操。由於納入兵式體操，所以男學生上課時必須穿著便於活動、操演的洋式制服，因而換下和服，改穿機能性的洋服。同時，體育活動時的服裝——運動服也逐漸發展出來。這套服裝隨著臺灣本地男子中學校採用洋式制服，也連帶地進入臺灣的學園裡。

1

2

3

4

5

6

1. 雙溪公學校的校徽
2. 臺北第二師範學校附屬公學校的校徽
3. 大溪公學校的校徽
4. 蓬萊公學校的校徽
5. 北投公學校的校徽
6. 豐原公學校校徽

我們從一張臺北第二中學運動會的照片可見，男學生們穿著白上衣及短褲，腳踩運動鞋，頭戴類似棒球帽的同色運動帽。而從另一張攝於一九三九年，臺中村上公學校（今臺中市忠孝國小）體育課的照片，則可見男學生穿著白色短袖上衣與同色短褲，並且頭戴深色運動帽，打著赤腳上課。

對女學生來說，日清戰爭之後，不僅男性的身體，連女性的身體也日益受到國家的矚目，而將其納入國家管理的範疇中。學校除了實施體操課程之外，也舉辦運動會及各式體育活動與球類競賽，使得大正中期以後女子體育蓬勃發展。然而，當時女學生所穿的和服，不僅有礙身體健康發展，也無法適應各項體育活動。

一九〇三年，自美國留學歸國的井口あくり[7]，將美國女學生穿著的燈籠褲[8]引進日本，但初期，並非很容易就被接受。此時，日本女學生是穿著名為「行燈袴」的女袴，這種沒有褲襠的女袴除了是女學生平時的制服外，經過改良後，也可在運動時穿著。改良後的女袴日文又稱為「くくり袴」，袴長較原來短，要運動時，則將裙子往上捆綁，以便於運動。くくり袴由於動靜皆宜，因而成為大正後期、燈籠褲普及之前，日本女學生普遍的體育服裝。

一九〇六年，井口あくり在她的著作中提出，模仿美國女子體操服，以活動方便的水手服上衣加上燈籠褲作為女學生的體育服裝。然而，當有學校開始採用燈籠褲為女學生的體操服時，卻因當時日本社會保守的女性觀而遭外界批評為「醜陋」與「輕浮」。

進入大正中期之後，以關東大地震為契機，洋服的便利性開始受到重視，洋式制服也急速地普及於各地，加上大正中後期，女子體育熱潮的湧現，燈籠褲遂成為大正後期女學生的主要體育服裝。

有學者便認為，隨著運動競賽與起，對機能性服裝的需求也日愈強烈；因為洋服化的運動服使身體更為輕快，增加了運動的樂趣。當這種身體上的體驗成為追求身體輕快的動因後，也轉化成對洋服化運動服裝的渴望，進而形成女子運動服裝洋服化的重要起因。

隨著女性燈籠褲在日本日益普及，這股風潮在一九二〇年代以後，也吹進了臺灣社會。一九二三年，趁著皇太子訪臺之際，臺北第一高女便換穿新的洋式制服，同時制定了學生運動服，其樣式在夏季、冬季均為白色的短袖汗衫，下半身則是黑色燈籠褲。

一上　臺北第二中學運動會時的學生服裝，白色上衣配上短褲，腳上穿運動鞋，頭戴類似棒球帽的白帽子。

一下　一九三九年臺中市村上公學校，學生們穿著白色短袖上衣與同色短褲，頭戴深色運動帽，打著赤腳上體育課。

同一時期，臺北第三高女在制定新的水手服之際，也配合體育課程實施的需求，規定了學生的運動服裝，其樣式同於臺北第一高女，為白上衣搭配黑色燈籠褲，另外腳上則穿黑襪與白色運動鞋。

不僅在北部，南部的女學校也是如此。一九二四年創校的高雄第一高女創校之初，除了制定學生制服外，也規定學生的「體育服」。體育服同於北部，也是白色短袖上衣搭配黑色燈籠褲，主要在體育課程或戶外勞動課時穿著。這種燈籠褲搭配上衣的運動服裝，隨著戰事吃緊，到了後期，甚至還可見女學生們穿著「戰時女性穿的長褲」（モンペ）作為運動服或制服。

一上　臺北第一高女學生穿著「白上衣、燈籠褲」的運動服裝，頭戴夏季白帽。

一下　臺北第一高女的學生頭戴自己縫製的防空頭巾，下半身著戰時長褲。

腳踩學生鞋

日本明治維新之際，西式鞋子也同時引進日本，如今所稱的長統鞋、短統鞋，指的就是西洋風的鞋子，主要材質包含：皮革、帆布、橡膠、塑膠等。學生制服除了包含學生身上穿的衣服，鞋子亦在制服的範疇之內。

相較於制服，學生鞋子的變化就比較少。日本統治臺灣的最初，學生們各自穿著自己的中式傳統服裝上學，而對經濟狀況一般的臺灣學生來說，鞋子是一件昂貴的奢侈品，因此，初等學校的學生多打赤腳上學。至於經濟狀況較佳的日本子弟，

上　戰事後期穿著白上衣與戰時長褲的臺北第三高女學生。

下　臺北第三高女的運動服裝，與臺北第一高女類似，都是白上衣搭配黑色燈籠褲。

皮靴の購入中止
被服はス・フ着用
臺北市内各小公學校で取極め

消費節約の国策線に順應すべく台北市では十八日午後一時から[illegible]小学校講堂に於て市内の小公学校長打合せ会を開催、学校内の紙類節約、児童の履物、被服等について左の如く取極め即日実行する事となつた

△履物 1皮革製靴及び鞋ゴム靴は新に購入せしめざること 2現在所持する皮革製靴及鞋ゴム製靴は消耗する迄大切に保ち適當に使用せしむること 3新に靴を購入せんとする場合はスフ製のものを購入せしむること 4生徒児童下校後は止むを得ざる場合を除き下駄又は草履を使用せしむること

△被服 1被服はなるべく新に購入することを見合はせ家庭の使用したるものを利用せしむるやう勧奨すること 2[illegible]毛織物による校服の定めある場合は漸次ス・フ又はス・フ混織物其他適當なる代用品とすること 3被服用金属製ボタン、皮革等も漸次代用品を使用せしむること 4羊毛及[illegible]帽子も漸次代用品を使用せしむること 5靴下はなるべく新に購入せしめざること 6夏季平常に於てはなるべく上衣を使用せしめざること

△學用品 1ランドセル、ジース、其他皮革製學用品に付ては新に購入することを禁じ代用品を使用せしむること 2ノート、鉛筆、[illegible]用紙等の學用品も使用価値の増大と節約に努むること 3[illegible]用紙等學用品の需品はなるべく之を統一し節約すること 4皮革製、ゴム製、金属製、麻製、運動具等は止むを得ざる場合を除き新に購入せしめざること

以上例示の外綿、羊毛、ゴム、皮革、紙、麻、[illegible]、揮發油、食、銀、銅、黄銅、鉛、錫、亜鉛、アンチモニー、アルミニューム

| 左　1926 年淡水公學校的學生，身穿傳統中式服裝之外，雙腳赤足、不穿鞋。

| 右　因應戰時節約的政策，學生們不再被限制需穿著皮鞋，可以木屐、草鞋替代。圖片來源：《臺灣日日新報》1939 年 7 月 19 日，夕刊第 2 版。

則是腳踩木屐、搭配身上所穿的和服。

國語學校（即師範學校）由於是公費之故，服裝由政府統一配發，故早在日治初期的一八九六年，針對學生的服裝規範即明訂，學生們需穿著黑皮鞋。至於師範學校以外的男子中學校，則趁著各校陸續訂定制服，也連帶加上對鞋子的規範；配合洋式制服，鞋子多為黑皮鞋。

高等女學校的鞋子則因應學生服裝的差異，而有不同款式，例如：主要為日籍女學生就讀的臺北第一高女，在穿和服的時期，學生大都穿木屐或草鞋；主要為臺籍女學生就讀的臺北第三高女學生，在解放纏足未普遍之際，腳上大都為三寸金蓮。

一九二〇年代以後，當高等女學校陸續捨棄傳統服裝，改制定新式的洋式制服，鞋子方面也配合換穿

黑皮鞋，小、公學校的轉變亦是如此。

在這段時期，隨著運動風氣的興盛，配合運動服裝而有材質多為橡膠，顏色有白、黑兩色的運動鞋問世。但實際情形則是，中等以上學校的學生穿運動服搭配運動鞋，但在初等教育上，多數公學校學生在體育課時仍常赤腳上課。

進入戰時體制之後，為了順應國策，對軍需物資、原料進行節約，以確保能將資源用於戰事上，在一九三八年六月總督府全面禁止學生穿皮鞋，鼓勵以木屐和草鞋等代替。在這樣的政策下，臺北州下的各中等學校也隨即聲明，自同年九月起，正式廢除穿皮鞋的規定，不再硬性要求學生穿皮鞋，而現有的皮鞋除了在儀式典禮上穿著之外，其餘時間則以木屐和草鞋代替。

上　一八九七年臺北第三高女前身—女子分教場的女學生，腳上多為三寸金蓮。
圖片來源：小野正雄編，《創立滿三十年記念誌》。

中　臺中中學校的體育服裝，學生們腳上穿著白色運動鞋。

下　一九四二年新社國民學校（今臺中市新社會小）運動會，學生們身穿運動服，腳上赤足沒穿鞋。

臺北高等商業學校的學生，腳上除了穿著黑皮鞋之外，也可見運動鞋或打上綁腿的裝扮。

第七章

【制服的穿著與規定】

CHAPTER · 7

國語學校採取全寮制，規定所有學生一律住宿，一律穿制服，夏天白色，冬天黑色。

——《朱昭陽回憶錄》

一 制服哪裡買？如何取得？

當學生的服裝隨著殖民統治政策的更迭而有所異動時，無論是日籍或臺籍學生，都不再能任意穿著自己想穿的服裝，而需換穿學校規定的洋式制服上學。究竟，他們如何取得學校的制服呢？

日治時期，學生取得制服的方式與現在其實大同小異，主要管道有三種。其一，向百貨公司或服飾專賣店購買現成的制服。其二，向布料店購買材料，再委託店家縫製。第三種則是向布料行購買便宜的材料，由家長縫製或透過學校的裁縫課程，讓學生在校自行裁縫製作。

第一種方式就像當今的我們，直接去專門販賣制服的店家購買一樣，日治時期的學生們也可在有販售制服的專賣店甚至百貨公司買到他們的制服。

例如：有家名叫「盛進商行」的店家，就曾在一九二〇年三月三十一日的報紙上刊登廣告、招攬生意並藉以打響知名度；廣告的內容說明：該商行一年可製作二萬件洋服，包含：鐵道、作業員及各級學校學生的制服，如：當時的臺灣總督府師範學校、公立農林專門學校、公立臺中商業學校及各公立高等普通學校的學生制服都在產品之列。一位一九三〇年代的臺北高等女學校學生也曾在她的作文裡提到，她的制服是在當時臺灣最大的百貨公司——菊元百貨「購得。

對日治時期的學生來說，他們到專賣店或百貨公司購買制服是否方便呢？以臺北市為例，當時的臺北市是總督府的所在地，也是政權中

1928年臺北市各級學校分布位置

校名	所在地
臺北帝國大學	富田町
臺北帝國大學附屬農林專門部	富田町
臺北醫學專門學校	東門町
臺北高等商業學校	幸町
臺北高等學校	古亭町
臺北第一中學校	龍口町
臺北第二中學校	幸町
臺北第一高等女學校	文武町
臺北第二高等女學校	幸町
臺北第三高等女學校	西門町
臺北商業學校	幸町
臺北工業學校	大安庄
臺北第一師範學校	文武町
臺北第二師範學校	大安庄
私立商工學校	幸町
私立靜修女學校	蓬萊町
私立臺北中學會	末廣町
私立成淵學校	大和町
私立曹洞宗中學校	東門町
私立女子職業學校	文武町
臺北盲啞學校	大和町
末廣高等小學校	末廣町
旭尋常小學校	旭町
壽尋常小學校	西門町
南門尋常小學校	南門町
樺山尋常小學校	樺山町
建成尋常小學校	建成町
臺北師範學校附屬小學校	文武町
龍山公學校	龍山町
老松公學校	老松町
太平公學校	太平町
日新公學校	下奎府町
蓬萊公學校	下奎府町
大橋公學校	太平町
大龍峒公學校	大龍峒町
朱厝崙公學校	朱厝崙町
東園公學校	東園町
第一師範學校附屬公學校	文武町
第二師範學校附屬公學校	大安庄
臺北幼稚園	榮町
樹心幼稚園	新起町
大正幼稚園	大正町
愛育幼稚園	下奎府町

樞，市內各級學校的數量遠大於臺灣其他地方。左表是一九二八年，臺北市內各級學校及其所在地。

—一九二八年臺北市學校一覽表（註2）
資料來源：荒川久編輯，《御大典紀念台北市六十餘町案內》（臺北：世相研究社，一九二八年十一月十日）。

—上 廣告一則。圖片來源：《臺灣日日新報》一九二〇年三月三十一日，第一版。

—下 臺灣第一家百貨公司——菊元百貨店。圖片來源：社團法人臺灣建築會，《臺灣建築會誌第四輯第六號》（臺北市：社團法人臺灣建築會，一九三二年十一月）。

一九三二年臺北市街圖的町界

所在位置	學校數量	所在位置	學校數量
幸町、文武町	5	富田町、東門町、末廣町、大和町、西門町、太平町	2
大安庄、下奎府町	3	古亭町、龍口町、蓬萊町、旭町、南門町、樺山町、建成町、龍山町、老松町、大龍峒町、朱厝崙町、東園町、榮町、新起町、大正町	1

根據學者陳正祥的研究，日治時期臺北市的人口分布為，日本人與臺灣人的居住區域彼此分離。當時，日本人主要集中在市郊的東南部，即過去的臺北城內和該區以東及以南的郊區（約是當今的臺北市中正區一帶），臺灣人主要住在大稻埕與艋舺兩區（當今的萬華區、大同區）。

統計臺北市各校的所在位置後可知，幸町、文武町各有五間學校，大安庄及下奎府町有二間學校。幸町、文武町及大安庄主要是日本人集中居住的區域，只有下奎府町是在臺灣人聚集的大稻埕。

當時服飾業者的分布。可見於臺北市商店名冊錄《御大典紀念台北市六十餘町案內》，書中羅列了營業的一百一十間洋服店。日治時期的「洋服店」是學生們取得制服的地方，統計這些店家的所在地後，我們發現了一件有趣的事。

一百一十間洋服店中，二十六間位於城內區的京町、榮町與本町轄下，而大稻埕的太平町、永樂町則有四十間，光是這五個町內，洋服店的比率就高達百分之五十六。

如何解釋這樣的情況呢，學者陳正祥認為，日治時期臺北市的商業活動主要聚集在二處，其一是以日本人活動為主的城內區，另一處是臺灣人活動的大稻埕。上述洋服店的分布情形恰巧如實呈現了這種狀況。同時，這也和前述之臺北市日籍與臺籍人口的集中分布區域不謀而合，意謂著：區內的人口多寡，影響了轄下的商店數量，同時也和日臺人士的空間分布有所關聯。

若將服飾業者在臺北市的分布，對照市內各級學校的所處區域即可知：住在城內、大稻埕與艋舺等商業中心的家庭，學生購買制服較為便利，而大稻埕又優於艋舺；因此，住在這些地區以外的學生若要購買制服，免不了一番舟車勞頓，若要有較多選擇，則勢必前往商業中心。

學生制服取得的第二種方式是向布料店購買材料後，再委託店家縫製。如同當今的社會，講究一點的學生會按自己的身形或美感，要求店家特別訂製制服。這種現象也可見於日治時期。

吳三連曾經談到，當時他就讀國語學校時，學生們雖然都穿著制服，但同樣的制服仍有好壞之差，自己因為家境的關係，只能穿著較便宜、粗厚布料製成的制服。家庭經濟情況較佳的學生，就能選擇材質較佳的材料，再委由店家專門縫製，除了有別於其他人之外，也突顯自己的身分和地位。

●賢妻良母必備——裁縫課程●

經濟狀況較佳的家庭，學生可以請店家量身訂作專屬的制服，而家庭經濟狀況次佳或普通者，則可到商家購買現成制服，但較為窮困清寒的家庭，只能去布料店購買質料差但價格便宜的材料，再由家長自行於家中縫製，這種方式最節省，也是學生取得制服的第三種途徑。然而，當時洋裁技術仍未普及，家長不一定有製作洋式制服的能力，因此推行之初，學校也肩負推廣洋裁技術的任務，這可從當時學校課程的規劃中，裁縫教育裡有洋服、學生制服的課程來得證。

學生透過學校有系統地教學，學習如何製作洋式制服；獲得一技之長之外，也將洋裁技術帶入未來的家庭生活中，且同時減輕家庭的經濟負擔。裁縫教育也意謂著：學生們從制服的消費者轉變成製作的主體。

日治時期的裁縫課程，主要以女

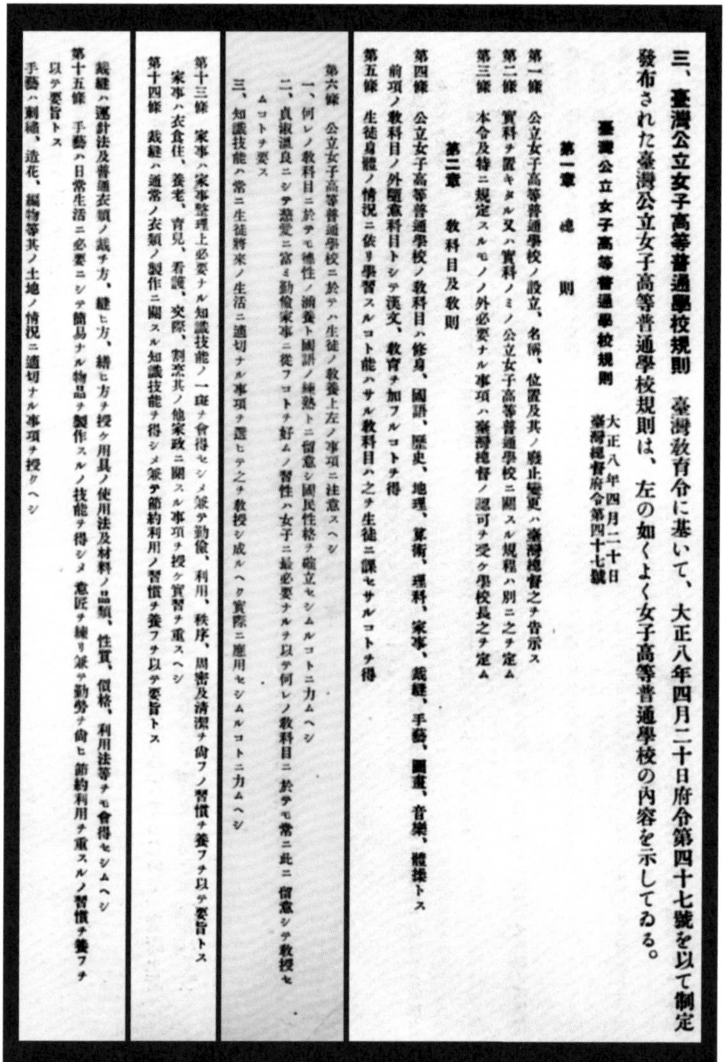

三、臺灣公立女子高等普通學校規則　臺灣教育令に基いて、大正八年四月二十日府令第四十七號を以て制定發布された臺灣公立女子高等普通學校規則は、左の如くよく女子高等普通學校の內容を示してゐる。

臺灣公立女子高等普通學校規則

大正八年四月二十日
臺灣總督府令第四十七號

第一章　總則

第一條　公立女子高等普通學校ノ設立、名稱、位置及其ノ廢止變更ハ臺灣總督之ヲ告示ス
第二條　實科ヲ置キタル又ハ實科ノミノ公立女子高等普通學校ニ關スル規程ハ別ニ之ヲ定ム
第三條　本令及特ニ規定スルモノノ外必要ナル事項ハ臺灣總督ノ認可ヲ受ケ學校長之ヲ定ム

第二章　教科目及教則

第四條　公立女子高等普通學校ノ教科目ハ修身、國語、歷史、地理、算術、理科、家事、裁縫、手藝、圖畫、音樂、體操トス
前項ノ教科目ノ外隨意科目トシテ漢文、教育ヲ加フルコトヲ得
第五條　生徒身體ノ情況ニ依リ學習スルコト能ハサル教科目ハ之ヲ生徒ニ課セサルコトヲ得

第六條　公立女子高等普通學校ニ於テハ生徒ノ教養上左ノ事項ニ注意スヘシ
一、何レノ教科目ニ於テモ德性ノ涵養ト國語ノ練熟トニ留意シ國民性格ヲ確立セシムルコトニ力ムヘシ
二、貞淑温良ニシテ慈愛ニ富ミ勤儉家事ニ從フコトヲ好ムノ習性ハ女子ニ最必要ナルヲ以テ何レノ教科目ニ於テモ常ニ此ニ留意シテ教授セムコトヲ要ス
三、知識技能ハ常ニ生徒將來ノ生活ニ適切ナル事項ヲ選ヒテ之ヲ教授シ成ルヘク實際ニ應用セシムルコトニ力ムヘシ

第十三條　家事ハ家事整理上必要ナル知識技能ノ一斑ヲ會得セシメ兼テ勤儉、利用、秩序、周密及清潔ヲ尚フノ習慣ヲ養フヲ以テ要旨トス
家事ハ衣食住、養老、育兒、看護、交際、割烹其ノ他家政ニ關スル事項ヲ授ケ實習ヲ重スヘシ
第十四條　裁縫ハ通常ノ衣類ノ製作ニ關スル知識技能ヲ得シメ兼テ節約利用ノ習慣ヲ養フヲ以テ要旨トス

裁縫ハ運針法及普通衣類ノ裁チ方、縫ヒ方、繕ヒ方ヲ授ケ用具ノ使用法及材料ノ品類、性質、價格、利用法等ヲモ會得セシムヘシ
第十五條　手藝ハ日常生活ニ必要ニシテ簡易ナル物品ヲ製作スルノ技能ヲ得シメ意匠ヲ練リ兼テ勤勞ヲ尚ヒ節約利用ヲ重スルノ習慣ヲ養フヲ以テ要旨トス
手藝ハ刺繡、造花、編物等其ノ土地ノ情況ニ適切ナル事項ヲ授クヘシ

1919 年，「臺灣公立女子高等普通學校規則」中，在學校教育裡便有關於洋裁課程的規範。圖片來源：小野正雄編輯，《創立滿三十年記念誌》。

學生為主體，這是因為裁縫教育是賢妻良母主義的一種實踐方式。一九一九年，為了推行女子教育，頒布之「臺灣公立女子高等普通學校規則」中即提到，女子教育以培養婦德及教授日常生活的知識技能為宗旨。

可見，裁縫被認為是女子教育中一項很重要的內涵，畢竟那是女性家庭管理中相當重要的技能；女性若不熟稔裁縫，不但會造成極大不便，也會產生家庭經濟的浪費，況且裁縫過程十分有助於涵養女性的各種德性。

接著看看一九二九年臺北第三高

資料來源：1929 年臺北第三高等女學校裁縫課程教授內容				
學期＼學年		**第　一　學　期**	**第　二　學　期**	**第　三　學　期**
本科	第一學年	・裁縫學習心得 ・基礎技術練習 ・內褲 ・內衣 ・女用內衣、襯裙	・本裁女單衣 ・本裁男單衣	・兒童和服 ・小孩用圍兜
	第二學年	・洋服裁縫的要點 ・二種簡單的女孩夏服 ・娃娃服 ・烹飪用圍裙	・部分袷的縫製要點 ・本裁女袷 ・腹合腰帶	・本裁男袷 ・棉布的修補方式
	第三學年	・縫紉機使用法 ・不穿洋服的種類及穿法 ・長襯裙 ・洋服原型製圖法	・本裁女袷羽織 ・本裁男袷羽織	・全身棉衣 （平紋薄毛呢、富士絹等） ・無袖棉衣羽織
	第四學年	・夏季制服 ・本裁男單羽織 ・男袴附帶女袴的說明	・連身內衣 ・男性洋服 ・女性洋服 ・圍裙	・絹布本裁女袷 ・小袖二件式和服說明

| 本表引自瀧澤佳奈枝，《日治時期台灣的技藝教育：以台北第三高等女學校為中心》。

臺北第一高女女學生以育成「賢妻良母」為目標，進行裁縫課程。

女裁縫課程的授課內容。

從裁縫課的內容可以得知，低年級從裁縫概念及基礎練習著手，並練習縫製簡單的內衣褲，此外也安排製作簡單的和服；二年級後，除了繼續教授關於和裁（和服裁縫）的知識，及縫製簡單的兒童服、圍裙外，也開始進行洋服裁縫的介紹；三年級除了學習進階的羽織外，也針對縫紉機進行介紹，並有洋服的製圖課程；最後一年則學習製作整套的男性洋服、女性洋服，甚至學生制服。

學生在裁縫課上製作的學生制服，不但可做為自身的穿著，減輕家庭經濟負擔，甚至也可作為贈送給學妹的見面禮，例如：基隆家政女學校畢業的溫金枝就說過，她們學校有個優良傳統，就是一年級新生的校服，全都是三年級學姐親自裁縫、量身訂製、再送給學妹的「全新」制服。因為「裁縫」是她們學校的必修課程，一來可檢視自己的在校學習成果，二來也趁機與學妹們交流情誼。

若檢視臺北第三高女的裁縫課程內容演變，可見一九一〇年代時，學習項目以中式服裝為主，但隨著時代轉變，逐步納入日式裁縫。一九二〇年代後，當洋式制服漸為學生的主流穿著，也反映在裁縫的教育上；不僅過往中文名稱的裁縫用語被日語取代，縫紉機的使用、洋服的製作也開始出現在裁縫課中。裁縫課程自過去的中式裁縫邁向和裁與洋裁，但直到最後階段，才開始接觸洋式制服的製作，這是因為，需經過循序漸進的基礎練習後，才得以習得製作洋式制服所需的技術。從裁縫課程的內容演變，我們清楚看見，官方企圖透過教育體系主導學生服裝的轉變。

二 CoCo知多少——制服的價格

前文提到自行買布縫製是最符合經濟效益的選項，那麼日治時期的學生制服價格究竟如何？這樣的價格對當時的家庭來說，是否為一筆沉重的經濟負擔？

首先，我們翻閱陳柔縉小姐在《囍事台灣》一書中，根據報章雜誌所整理、羅列出之日治時期，臺灣部分職業的薪資水準。

以一九三〇年來看，初任的女性電話交換生及女護士，若以每月為三十天計，月薪約為十五圓到二十一圓；採茶女若日薪四角，折合月薪為十二圓；初任的臺北巴士女車掌月薪約為三十圓；薪水較高的小學女教師則約四十圓。到了戰爭初期的一九三七年，一般工廠女工的月薪為十二圓至四十圓、百貨公司店員為十二圓至五十圓；至於收入較高的學校教員，月收入則在五十圓至兩百三十圓之間不等。

相對於人民的所得，當時洋服的價格在一九二五年時，一套實用性高、價位中等的兒童洋服日常洋服，要價約十圓，較為正式的外出服則介於十七圓至二十圓。對照同樣的時空背景，一位河川工務部門的員工月薪是四十二圓，可見，洋服的價格顯然不便宜。

再以男士西服為例，辜振甫於一九四〇年在日本擔任出納辦事員，月薪為七十五圓，只夠製作三套西服，而一套西服要價高達二十五圓。葉石濤於日治末期擔任小學代課教師，月薪四十二圓，外加戰時津貼六圓，而他在第一次領薪水時，就花了五、六圓訂製一套西裝。

年代	職業	薪水（單位：圓、角、錢）
1896	人力車	月薪 28 圓
1898	製茶工（臺北地區）	日薪 40 錢
1898	製糖工（臺北地區）	日薪 35 錢
1898	農夫（臺北地區）	日薪 25 錢
1901	女性採茶工	上等日薪 30 錢，下等日薪 20 錢
1901	洋服裁縫	臺北上等 35 圓，下等 25 圓 基隆上等 30 圓，下等 15 圓
1901	理髮師	上等 15 圓，下等 7 圓
1924	桃園大圳工務部僱員	42 圓
1930	女性電話交換生初任	日薪 50 錢到 70 錢
1930	女護士初任	日薪 50 錢，翌年日薪 70 錢
1930	採茶女	日薪 4 角
1930	臺北巴士女車掌初任	日薪 1 圓（折合月薪約 30 圓）
1930	小學女教師初任	月薪 40 圓上下
1937	牧師	月薪 50 圓
1942	氣象臺技術官（公務員）	臺人月薪 40 圓，日人月薪 50 圓
1943	國小代課教師	月薪 42 圓

┃日治時期臺灣各時期的職業薪水
本表引自陳柔縉，《囍事台灣》，2007 年 1 月初版。

從上述舉例可知，不管是兒童洋服或男士西裝，雖然因為品牌、材質不同而使價格有所落差，但相較於當時一般民眾的薪資所得，洋服顯然十分昂貴。

那麼，日治時期，學生洋式制服的價錢呢？

在男學生制服方面，位於北部的臺灣總督府中學校，在一九一〇年左右，一套洋式制服要價約三十圓，包含：帽子、上衣、褲子、作業服、外套及鞋子等。一九一五年創立於臺中的臺灣第一所中學校─臺中中學校，整套學生制服則要價二十圓。

至於南部的嘉義中學校，一九二八年的學生制服要價高達二十八圓九十錢，當中包括：冬季制服一套七圓、夏季制服一套三圓五十錢、帽子一頂二圓五十錢、鞋子一雙八圓、運動鞋一雙二圓、防雨外套五圓五十錢、綁腿一雙四十錢。

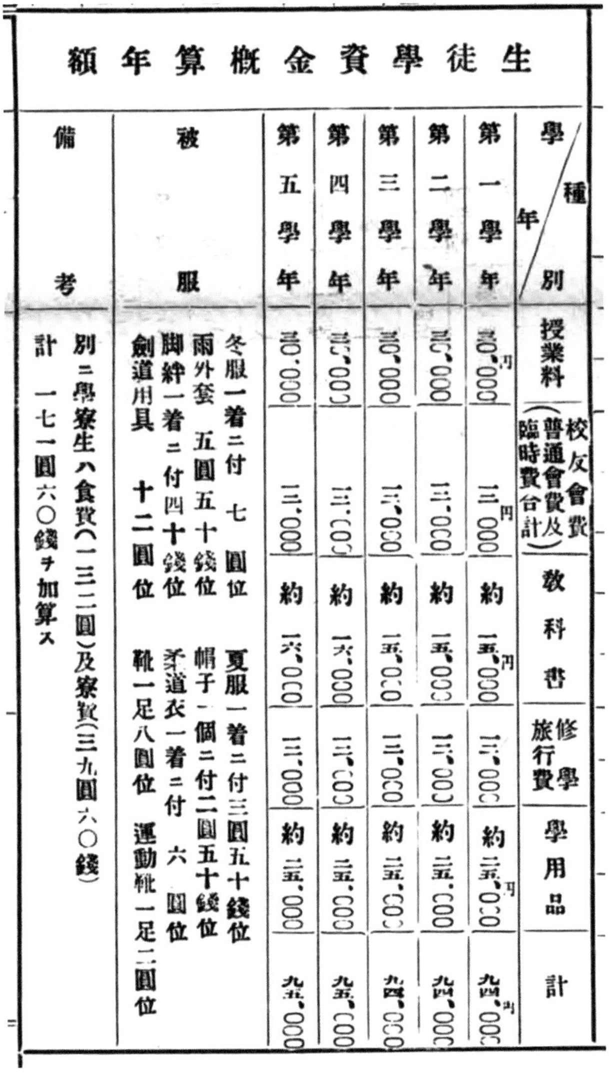

生徒學資金概算年額

種別／學年	授業料	校友會費（普通會費及臨時費合計）	教科書	修學旅行費	學用品	計
第一學年	三〇、〇〇〇円	一三、〇〇〇円	約一五、〇〇〇円	一三、〇〇〇	約二三、〇〇〇円	九四、〇〇〇円
第二學年	三〇、〇〇〇	一三、〇〇〇	約一五、〇〇〇	一三、〇〇〇	約二三、〇〇〇	九四、〇〇〇
第三學年	三〇、〇〇〇	一三、〇〇〇	約一五、〇〇〇	一三、〇〇〇	約二三、〇〇〇	九四、〇〇〇
第四學年	三〇、〇〇〇	一三、〇〇〇	約一六、〇〇〇	一三、〇〇〇	約二三、〇〇〇	九五、〇〇〇
第五學年	三〇、〇〇〇	一三、〇〇〇	約一六、〇〇〇	一三、〇〇〇	約二三、〇〇〇	九五、〇〇〇

被服	
冬服一着ニ付 七 圓位	夏服一着ニ付三圓五十錢位
雨外套 五圓五十錢位	帽子一個ニ付二圓五十錢位
脚絆一着ニ付四十錢位	柔道衣一着ニ付 六 圓位
劍道用具 十二圓位	靴一足八圓位 運動靴一足二圓位

備考：別ニ學寮生ハ食費（一三二圓）及寮費（三九圓六〇錢）計 一七一圓六〇錢ヲ加算ス

｜嘉義中學校描述制服價錢的文本照片。圖片來源：臺南州立嘉義中學校，《臺南州立嘉義中學校一覽表（昭和三年）》，1928 年。

在女學生的制服方面，一九二〇年代以後，陸續以洋服為學生制服。當時，臺北第二高女的新式冬季制服一套十三圓五十錢，若選擇毛織質料，一套則為二十七、二十八圓。至於當時臺北第一高女的冬季制服一套要價高達十七圓，這樣的價錢甚至引發家長投書，質疑學校企圖從中牟利。

事實上，這樣的言論並非無的放矢，臺北第一高女的制服不僅較臺北第二高女昂貴，與臺北第三高女相比差距更大。當時，由於第三高女的制服為學生親手縫製，完成後的制服包含正式上衣一套、便服上衣二套，加上裙子一件、帽子一頂，布料和工錢合計不到六圓。

以一九二〇年代左右的臺灣物價水準來看（貨幣單位為：圓、角、錢，一圓為十角，一角為十錢），看一場電影的花費從二十錢至一圓二十錢不等；一客鰻魚飯要價七十錢；一百斤的稻穀五圓；一本日英辭典售價為二圓八十錢，而學生制服一套動輒十幾、二十圓，幾乎是中等水平受薪階級半個月以上的薪水。可想而知，學生制服對當時的家庭經濟而言，無疑是一筆相當沉重的負擔。

三　制服何時穿？

當學校制定了學生制服的樣式、顏色後，當然會開始要求學生穿上，這點在各校校規中都有清楚的明文規定。

例如：臺北高等學校即要求學生上學時需穿著制服、制帽，外出時也需戴帽子，若非不得已，鞋子禁止穿著木屐；國語學校、臺灣總督府醫學校也明訂，學生上學時需穿著制服。至於一般的中學校、高等女學校亦有相同規範，譬如：臺北第一中學校、臺中第一中學校、臺北工業學校等及臺北第二高等女學校等。

另外，因有四季，制服也有夏、冬季之分。在學生穿著制服的規範裡，也提到了夏、冬季節的換穿時機，臺北帝大醫學部（今臺大醫院的前身）與臺北第一中學校的夏季制服自四月一日起穿著至十月三十一日止，而十一月一日起到隔年的三月三十一日則改穿冬季制服；國語學校則自五月一日開始穿著夏季制服至同年的十月三十一日，而冬季制服則是自十一月一日起穿到翌年的四月底。雖然各校的制服換季時機有些許不同，但學校的用意都在於促使學生們能確實按照學校的規範穿著。

日治時期的學生，除了上學要穿制服以外，放學後若外出也需穿著。

一學校規則中的第十八點：「生徒服制及著用心得」（紅框處），為學生制服穿著的相關規定。

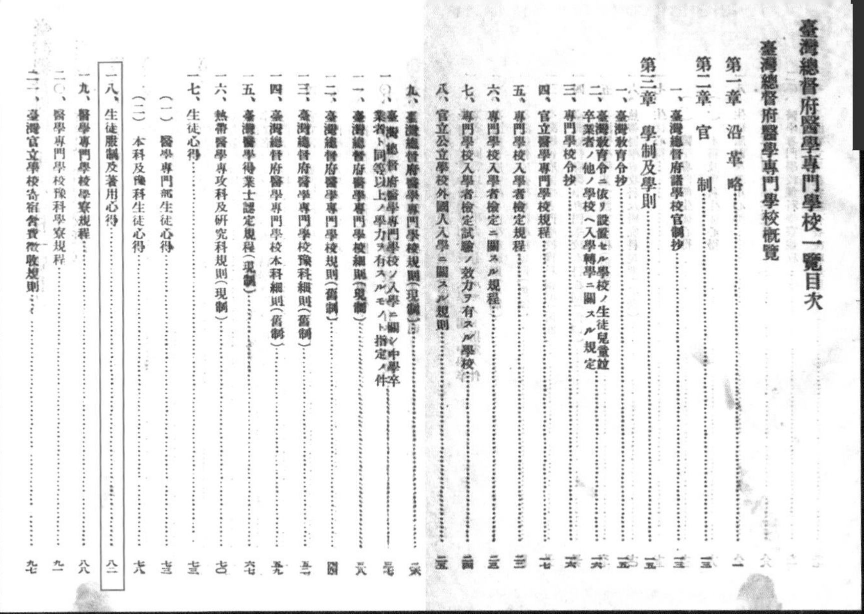

臺灣總督府醫學專門學校一覽目次

臺灣總督府醫學專門學校概覽

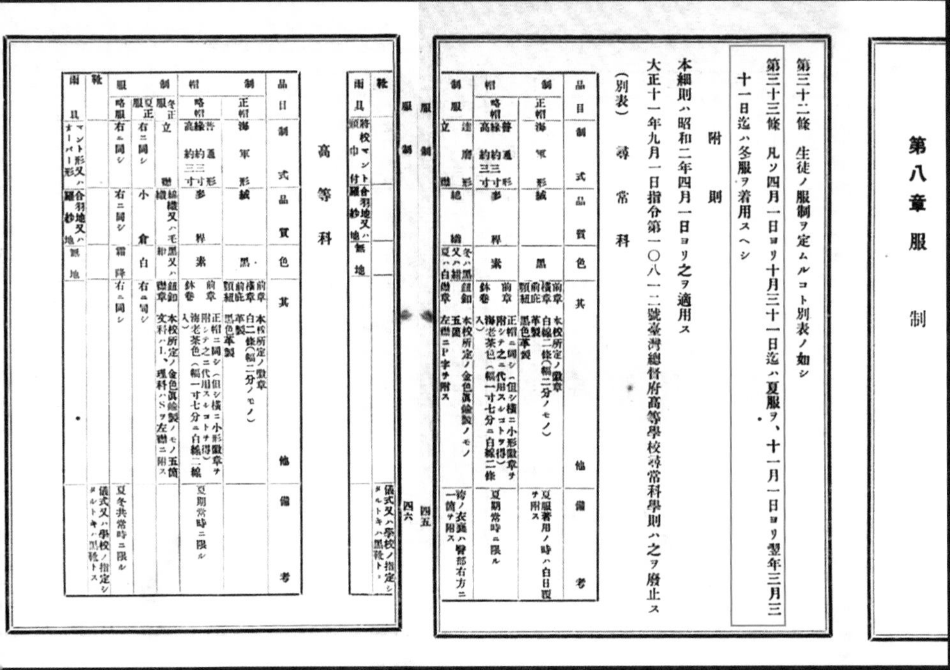

第八章　服　制

第三十二條　生徒ノ服制ヲ定ムルコト別表ノ如シ

第三十三條　凡ソ四月一日ヨリ十月三十一日迄ハ夏服ヲ、十一月一日ヨリ翌年三月三十一日迄ハ冬服ヲ着用スヘシ

附　則

本細則ハ昭和二年四月一日ヨリ之ヲ適用ス

大正十一年九月一日指令第一〇八一二號臺灣總督府高等學校尋常科學則ハ之ヲ廢止ス

（別表）　尋常科

品目		制式	品質	色	其他	備考
制帽	正帽	海軍形	絨	黑	前章 本校所定ノ徽章 横章 白線二條（幅二分ノモノ） 前庇 革製 顎紐 黑色革製	夏服著用ノ時ハ白日覆ヲ附ス
	略帽	普通形 縁約三寸 高約三寸	麥稈	素	前章 正帽ニ同シ（但シ横ニ小形徽章ヲ附シテ之ニ代用スルコトヲ得） 鉢巻 海老茶色（幅一寸七分ニ白線二條入）	夏期常時ニ限ル
制服		詰襟形 立襟	絨織	冬ハ黑又ハ紺 夏ハ白	鈕釦 本校所定ノ金色眞鍮製ノモノ五箇 徽章 左襟ニF字ヲ附ス	袴ノ衣嚢ハ臀部右方ニ一箇ヲ附ス
靴						儀式又ハ學校ノ指定シタルトキハ黑靴トス
雨具		將校マント付頭巾	合羽地又ハ羅紗地	無地		

服制　四五

高等科

品目		制式	品質	色	其他	備考
制帽	正帽	海軍形	絨	黑	前章 本校所定ノ徽章 横章 白二條（幅二分ノモノ） 前庇 革製 顎紐 黑色革製	
	略帽	普通形 縁約三寸 高約三寸	麥稈	素	前章 正帽ニ同シ（但シ横ニ小形徽章ヲ附シテ之ニ代用スルコトヲ得） 鉢巻 海老茶色（幅一寸七分ニ白線二線入）	夏期常時ニ限ル
制服	冬正服	立襟	綿織又ハ毛織	黑又ハ紺	鈕釦 本校所定ノ金色眞鍮製ノモノ五箇 襟章 文科ハL、理科ハSヲ左襟ニ附ス	
	夏正服	右ニ同シ	小倉	白	右ニ同シ	
	略服	右ニ同シ	右ニ同シ	霜降	右ニ同シ	夏冬共常時ニ限ル
靴						儀式又ハ學校ノ指定シタルトキハ黑靴トス
雨具		マント形又ハオーバー形	合羽地又ハ羅紗地	無地		

服制　四六

臺灣總督府臺北高等學校針對制服制定的規則，並有制服換季時機的相關明文規定（紅框處）。圖片來源：臺灣總督府臺北高等學校，《臺灣總督府臺北高等學校一覽（昭和二年至昭和三年）》，1928年。

國語學校就明文規定：學生上學與外出都要穿著制服。學校要求學生假日外出也需穿著制服的用意，是欲將學生置於各階層的監視體系下，讓教師組成的校外糾察甚至社會大眾，都可以共同監督學生。若學生在校外表現不佳，也可以輕易地透過身上所穿的制服來分辨是哪一所學校的學生，藉此，讓學生能警惕並隨時注意自己的言行舉止。

一位宜蘭農林學校的校友就清楚道出制服所形成的監控氛圍，他說：「制服別有名牌，上面繡上年級、班級、名字。平時學生出門要穿制服、戴帽子，以防學生出門會做壞事，學壞了。」

除了上學、放學都需穿著制服外，在一些重要場合與活動，制服更是學生不可或缺的一部分，例如：臺北第一中學校即規範：「在儀式祭典、遠足之際，服裝上要聽從校方的安排穿著制服，若有特殊事由無法穿著制服，替代服裝亦以窄袖的和服為限。」

由此可見，若有學生因所謂的特殊情況而無法穿制服時，需經過學校允許才行，且也只能改穿日本和服，臺灣服飾則嚴禁穿著，這反映了一九二〇年代後，殖民政府施行的「同化政策」

在重要場合穿著制服，不僅因為制服是學生唯一的服裝，也因為這是一種學生身分的象徵。當所有學生穿著整齊劃一、代表一所學校的制服時，除了向外界展現學生隸屬於這個團體的意涵，更是體現這所學校精神的最佳時刻。

從一些日治時期留下的影像中，都可看到學生們進行校外活動、修學旅行、前往神社參拜乃至參加官方的活動典禮、甚至迎接皇族成員時都穿著制服。

一九二七年，當臺北第三高女舉行攀登新高山（玉山）的活動時，在學生的行前通知中，就明訂學生需穿著制服參加此次登山，而學生們也在活動中留下穿著制服登山的合影。但比較有趣的是，穿制服登山似乎不太方便，因此同樣的登山活動，則可見臺北第一高女的學生穿著所謂的運動服裝，也就是白色上衣與黑色燈籠褲參加活動。

興建神社是日治時期臺灣總督府治理臺灣的重要宗教政策，藉由象徵日本意涵的神社，日本人可以教化臺灣人，並使臺人成為大日本帝國的臣民；在此一宗教政策下，臺灣各地陸續興建神社。

作為同化工具的一環，教育機關藉由讓學生參拜神社，無形中達到教化臺灣人、將臺灣人形塑成日本人的效果，尤其皇民化運動開始後，這類參拜神社的活動更成為一種統

| 上　穿著制服攀登新高山（玉山）的臺北第三高女學生。

| 中　1924 年，穿著運動服裝（白色上衣加黑色燈籠褲）攀登新高山（玉山）的臺北第一高女學生。

| 下　臺北市太平公學校舉辦修學旅行。

上｜臺中中學校的學生穿著制服，在師長帶領下前往神社參拜。

左頁｜一九三二年穿著制服前往神社參拜的臺北第三高女學生。

治者不斷強化國民精神教育的方式。

當學生們前往神社參拜時，穿著何種服裝呢？當然是制服。根據臺北工業學校校友回憶，每年四月及十月、換穿制服的時節，他們都會穿著整齊的制服前往臺灣神社參拜。

除了一般的學生制服，到了皇民化時期，為強化臺灣人民身為帝國臣民的意識，服裝上也鼓勵穿著和服。一九三八年六月十七日的始政記念日[3]時，屏東某間女子公學校，便為了響應皇民化運動中鼓勵臺灣人穿和服的政策，讓全校八百餘名學生穿著整齊的和服前往神社參拜，吸引了報章媒體的報導。在一張一九二七年的照片中，也可看到臺北第三高女的學生們穿著整齊的制服，在參拜完神社後與老師合影。

除了修學旅行與神社參拜之外，有時官方舉辦活動或進行恭迎皇族

官員等儀典時，學生也需配合出席參加，例如：一九二三年，日本皇太子殿下來臺參訪教育展覽會時，臺北第一中學、臺北第二中學的全體學生便在炎熱的日子裡，全數穿著整齊劃一的制服、制帽，迎接皇太子的到來。

一九二六年四月，高松宮殿下來臺之際，在迎接高松宮殿下而列出的注意事項中，便有如下服儀規定：學生、兒童需穿著制服，才是不失敬意的服裝。同年十月，北白川宮大妃殿下來臺時亦可見相同的規定。

可見，統治者在動員學生們參加官方活動時也一併令其穿著制服，這是由於制服是學生身分的展現。再者，當學生穿上統一的制服後，也會產生一種整體的一致性，以符合活動典禮所要給予外人之莊嚴、慎重的形象。

一位記者就報導了一九二三年四月十七日，日本皇太子殿下接受由臺北市內各校學生組成之整齊劃一的遊行隊伍恭迎，且學生們都穿著各校專屬制服的情景；該記者認為，這呈現了一種整體的美感，也

大正十五年三月二十七日

高松宮殿下 奉迎送者心得

各驛の步廊奉送迎者資格及整列順序

臺北驛步廊

各御通過驛步廊

各御乘降驛步廊

奉送迎心得

學校職員生徒兒童

服裝

各御棧橋及驛前其他御通道路

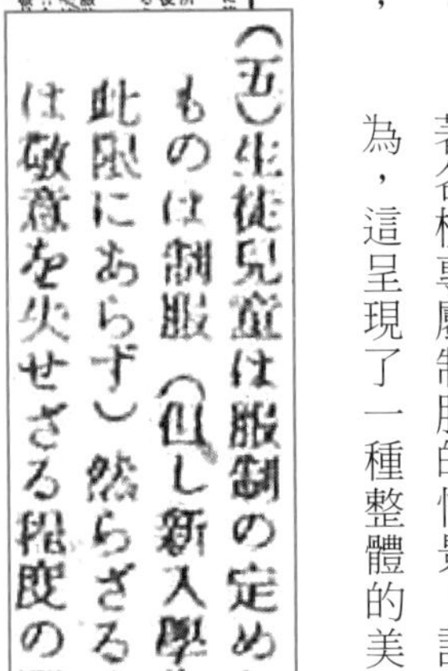
(五)生徒兒童は服制の定めあるものは制服（但し新入學生は此限にあらず）然らざるものは敬意を失せさる程度の服裝

一臺灣總督府對奉迎皇族時學生服裝的規定。圖片來源：〈高松宮殿下　奉迎送者心得／服裝〉，《臺灣日日新報》一九二六年三月二十七日，第七版。

一**左頁上**　日本皇族來臺，學生們穿著整齊的制服恭迎。圖片來源：小野正雄編，《創立滿三十年記念誌》。

一**左頁下**　臺灣總督府對奉迎皇族的服裝規定，當中明定，學生需穿著制服。圖片資料來源：《府報第2290a號》，一九三五年一月十一日。

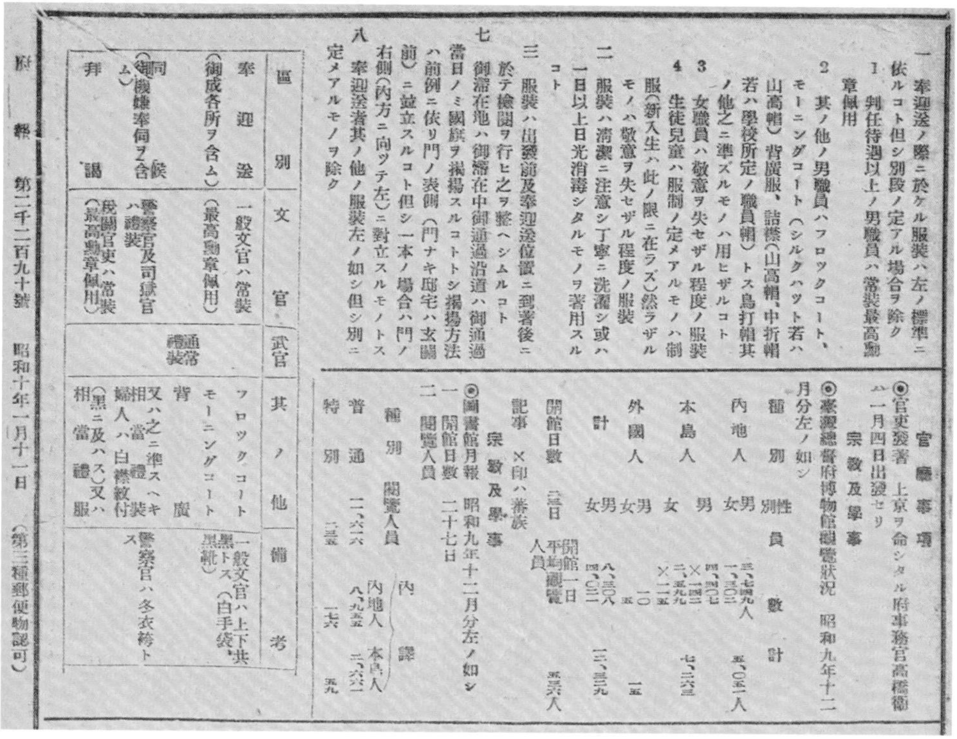

一　奉迎送ノ際ニ於ケル服裝ハ左ノ標準ニ依ルコト但シ別段ノ定アル場合ヲ除ク

1　判任待遇以上ノ男職員ハ常裝最高勳章佩用

2　其ノ他ノ男職員ハフロックコート、モーニングコート（シルクハット若ハ山高帽）背廣服、詰襟（山高帽、中折帽若ハ學校所定ノ職員帽）トス鳥打帽其ノ他之ニ準ズルモノハ用ヒザルコト

3　女職員ハ敬意ヲ失セザル程度ノ服裝

4　生徒兒童ハ服制ノ定メアルモノハ制服（新入生ハ此ノ限ニ在ラズ）然ラザルモノハ敬意ヲ失セザル程度ノ服裝

二　服裝ハ淸潔ニ注意シ丁寧ニ洗濯シ或ハ一日以上日光消毒シタルモノヲ著用スルコト

三　服裝ハ出發前及奉迎送位置ニ到著後ニ於テ檢閱ヲ行ヒ之ヲ整ヘシムルコト

七　御滯在地ハ御滯在中御通過沿道ハ御通過當日ノミ國旗ヲ揭揚スルコトトシ揭揚方法ハ前例ニ依リ門ノ表側（門ナキ邸宅ハ玄關前）ニ竝立スルコト但シ一本ノ場合ハ門ノ右側（內方ニ向ツテ左）ニ對立スルモノトス

八　奉迎送者其ノ他ノ服裝左ノ如シ但シ別ニ定メアルモノヲ除ク

區別	文官	武官	其ノ他	備考
奉迎送（御成各所ヲ含ム）	一般文官ハ常裝（最高勳章佩用）	通常禮裝	フロックコート モーニングコート 背廣 又ハ之ニ準スヘキ相當禮裝 婦人ハ白襟紋付（黑ニ及ハス）又ハ相當禮服	一般文官ハ上下共黑トス（白手袋、黑靴） 警察官ハ冬衣袴トス
伺候（御機嫌奉伺ヲ含ム）	警察官及司獄官ハ禮裝			
拜謁	稅關官吏ハ常裝（最高勳章佩用）			

◎官廳事項

◎官吏發著　上京ヲ命シタル府事務官高橋衛ハ一月四日出發セリ

宗教及學事

◎臺灣總督府博物館觀覽狀況　昭和九年十二月分左ノ如シ

種別	性別	員數	計
內地人	男	三、七四九人	五、〇五一人
	女	一、三〇二	
本島人	男	四、四〇七 ×一四三	七、三六三
	女	二、五九九 ×二一五	
外國人	男	一〇	一五
	女	五	
計	男	八、三〇八	一二、三三九
	女	四、〇三一	
開館日數	二三日	開館一日平均觀覽人員	五三六人

記事　×印ハ蕃族

◎圖書館月報　昭和九年十二月分左ノ如シ

一　開館日數　二十七日

二　閱覽人員

種別	閱覽人員	內譯 內地人	內譯 本島人
普通	二、六二六	八、九五五	三、六六一
特別	二三五	一七六	五九

府報　第二千二百九十號　昭和十年一月十一日　（第三種郵便物認可）

表達了對皇太子殿下的尊崇與敬意。

●服儀檢查●

對出生於一九五〇、六〇年代的臺灣人來說，在學生時期上學時，教官或訓導主任站在校門口迎接學生，順便檢查學生的服裝儀容，這應該是大家共同的記憶吧！但事實上，早在日治時期，學生們就已經歷過這些。

當學校在校規裡明文規定制服樣式、穿著時機、換季時間等內容，當然是希望學生確實遵守這些規範，所以才透過服裝儀容檢查，確保學生都有遵循。

一位當時就讀臺北第二高女的畢業校友就提到，臺北第二高女會在每個季節進行服裝檢查；國語學校則是每個月由學校教職員實施學生服儀檢查；新竹中學則為每週兩次，在朝會集體進行服裝檢查；嘉義中學校的服裝檢查是在每週四的朝會實施；至於臺中第一中學校，則是每天早上在操場集合時實施出缺席及服裝檢查。雖然各校檢查時間、頻率不一，但實施服裝儀容檢查的態度卻是一致的。

學校不僅會在朝會集合時，對學生進行服裝儀容檢查，即便上課時也有服儀檢查。作家鍾肇政就回憶，課堂上，老師會不定期實施檢查的過往。

除了校內定期的服儀檢查，校外教師們組成的教護聯盟（類似校外會）進行巡視時，除了會糾舉行為不檢的學生，學生服儀是否符合規定也為巡視的重點。

服裝儀容的檢查重點，除了看學生是否按照校規穿著規範的制服，也包括一些學生容易違規的地方。以女學生來說，較常見的違規點例

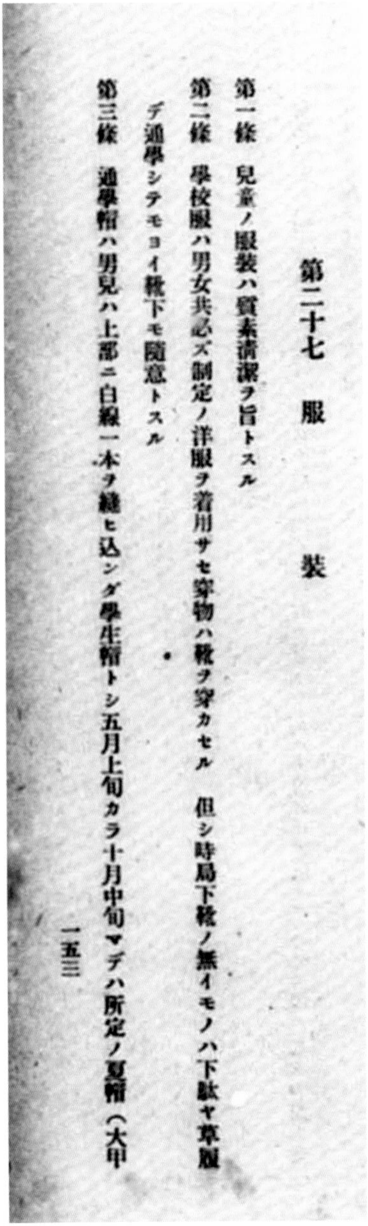
第二十七　服裝

第一條　兒童ノ服裝ハ質素清潔ヲ旨トスル

第二條　學校服ハ男女共必ズ制定ノ洋服ヲ着用サセ穿物ハ靴ヲ穿カセル　但シ時局下靴ノ無イモノハ下駄ヤ草履デ通學シテモヨイ靴下モ隨意トスル

第三條　通學帽ハ男兒ハ上部ニ白線一本ヲ縫ヒ込ンダ學生帽トシ五月上旬カラ十月中旬マデハ所定ノ夏帽（大甲

一五三

如：上衣下襬太短、裙子過短、百褶裙褶數不符合規定等。

●校規處置●

學校透過定期、不定期，校內、校外等多重方式，對學生展開服儀檢查。以臺中中學校為例：校規中，就設置了所謂的「週番教官」（類似現在臺灣的導護老師），他們的任務之一就是檢查學生的服裝、儀容與禮貌等。違反服儀規定的學生會遭到處罰，輕則申斥、責罵，重則挨打、體罰，甚至會影響操行分數。

一位臺北第二高女的校友就談到，若有學生刻意不穿制服在街上行走並被同學、師長看到，翌日馬上會被叫到辦公室申斥、責罵，並認為：穿便服外出是不良行為的開端，而學生的操行便往往受到影響。鍾肇政則回憶，某次老師在課堂上進行服裝檢查時，就有同學因為襯衫胸口少了徽章而遭到老師體罰。

事實上，服裝儀容不符規定，除了會遭到學校老師的責罵、校規的懲處外，有時還會私下遭到學長姐的「照顧」。一位新竹中學的畢業生便在回憶錄裡談到，他就讀新竹中學時，因為服儀檢查未過而遭日本學長打罵，並稱之為「說教」。

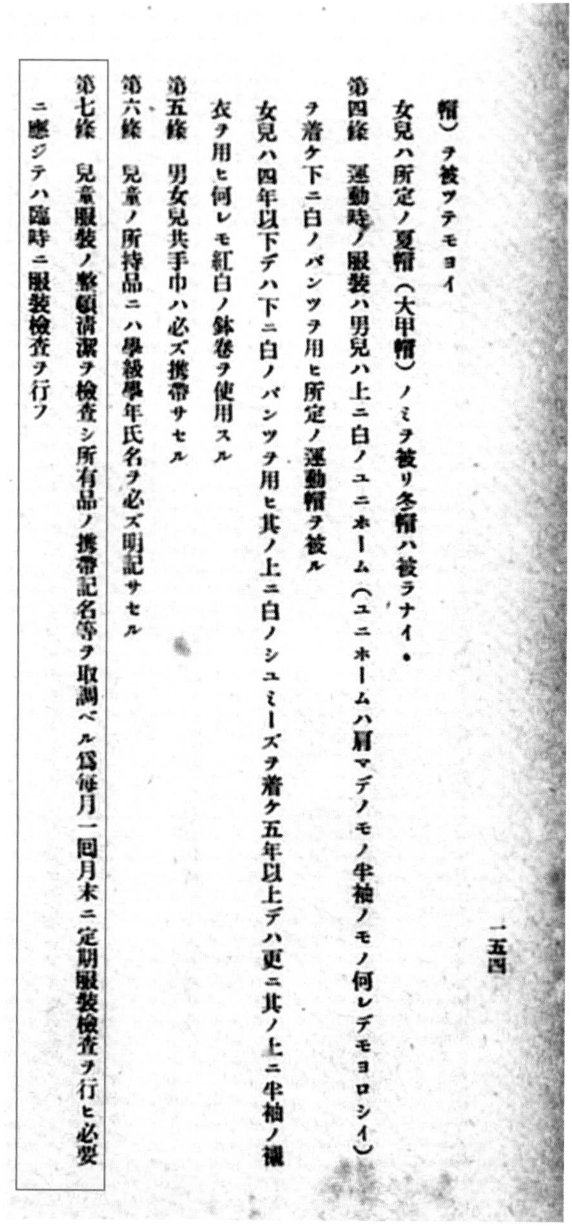

帽）ヲ被ツテモヨイ
女兒ハ所定ノ夏帽（大甲帽）ノミヲ被リ冬帽ハ被ラナイ。
第四條　運動時ノ服裝ハ男兒ハ上ニ白ノユニホーム（ユニホームハ肩マデノモノ半袖ノモノ何レデモヨロシイ）ヲ着ケ下ニ白ノパンツヲ用ヒ所定ノ運動帽ヲ被ル
女兒ハ四年以下デハ下ニ白ノパンツヲ用ヒ其ノ上ニ白ノシュミーズヲ着ケ五年以上デハ更ニ其ノ上ニ半袖ノ襦衣ヲ用ヒ何レモ紅白ノ鉢卷ヲ使用スル
第五條　男女兒共手巾ハ必ズ携帶サセル
第六條　兒童ノ所持品ニハ學級學年氏名ヲ必ズ明記サセル
第七條　兒童服裝ノ整頓清潔ヲ檢查シ所有品ノ携帶記名等ヲ取調ベル爲每月一回月末ニ定期服裝檢查ヲ行ヒ必要ニ應ジテハ臨時ニ服裝檢查ヲ行フ
一五四

｜日校規第七點（紅框處）明文規定：定期舉行學生服儀檢查。圖片來源：臺北第一示範學校附屬第一國民學校，《臺北第一師範學校附屬第一國民學校一覽》，1941年。

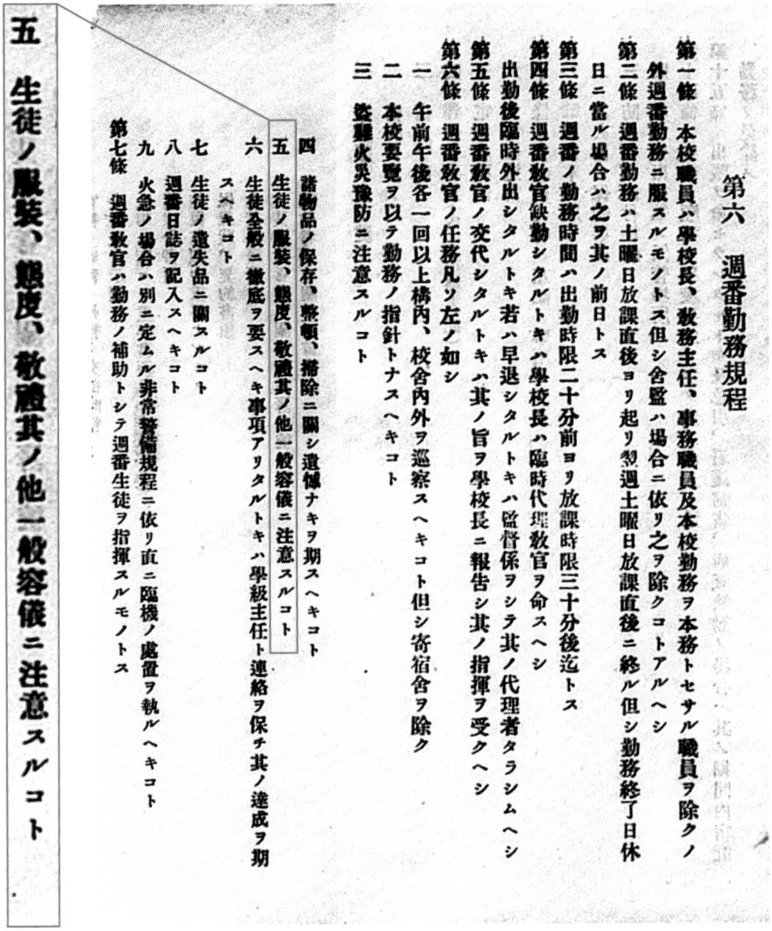
第六　週番勤務規程

第一條　本校職員ハ學校長、教務主任、事務職員及本校勤務ヲ本務トセサル職員ヲ除クノ外週番勤務ニ服スルモノトス但シ舍監ハ場合ニ依リ之ヲ除クコトアルヘシ
第二條　週番勤務ハ土曜日放課直後ヨリ起リ翌週土曜日放課直後ニ終ル但シ勤務終了日休日ニ當ル場合ハ之ヲ其ノ前日トス
第三條　週番ノ勤務時間ハ出勤時限二十分前ヨリ放課時限三十分後迄トス
第四條　週番教官缺勤シタルトキハ學校長ハ臨時代理教官ヲ命スヘシ
出勤後臨時外出シタルトキ若ハ早退シタルトキハ監督係ヲシテ其ノ代理者タラシムヘシ
第五條　週番教官ノ交代シタルトキハ其ノ旨ヲ學校長ニ報告シ其ノ指揮ヲ受クヘシ
第六條　週番教官ノ任務凡ソ左ノ如シ
一　午前午後各一回以上構內、校舍內外ヲ巡察スヘキコト但シ寄宿舍ヲ除ク
二　本校要覽ヲ以テ勤務ノ指針トナスヘキコト
三　盜難火災豫防ニ注意スルコト
四　諸物品ノ保存、整頓、掃除ニ關シ遺憾ナキヲ期スヘキコト
五　生徒ノ服裝、態度、敬禮其ノ他一般容儀ニ注意スルコト
六　生徒全般ニ徹底ヲ要スヘキ事項アリタルトキハ學級主任ト連絡ヲ保チ其ノ達成ヲ期スヘキコト
七　生徒ノ遺失品ニ關スルコト
八　週番日誌ヲ記入スヘキコト
九　火急ノ場合ハ別ニ定ムル非常警備規程ニ依リ直ニ臨機ノ處置ヲ執ルヘキコト
第七條　週番教官ハ勤務ノ補助トシテ週番生徒ヲ指揮スルモノトス

五　生徒ノ服裝、態度、敬禮其ノ他一般容儀ニ注意スルコト

一九二九年，臺中中學校校規中關於週番勤務的規程，當中明文列出：週番教官任務的第五點，是對學生服裝、儀容、禮貌等方面的注意。圖片來源：臺中州立臺中第一中學校，《臺中州立臺中第一中學校要覽》，一九二九年。

雖然學校定期、不定期實施嚴格的服儀檢查，而違規者也會遭到檯面上的嚴格懲處，及檯面下的特別關照。然而，為了突顯自我的與眾不同，並藉此得到其他同學的景仰、欽佩，仍有學生以身試法。一位女學生說道：「學校制服規定裙子是二十四褶數，服裝檢查日當天，穿著下襬較短的上衣、三十二褶的裙子者，受到同學的仰慕。」

當然，更常見的情形則是：服儀檢查後，學生們的穿著就會有所不同，一位女學生回憶道：「服裝檢查每週一次、在固定的日子進行。但檢查結束隔天，逐漸出現學生上衣長度變短，裙子也增為二十褶的情形，且不知不覺漸成流行。」

最初の師範科生內地修學旅行（伊勢大廟參拜）

後記

【日治時期臺灣人對制服的觀感】

我幾乎是街路上唯一的中學生……（略）。我穿著那身制服，外加黑皮帶、制帽、黑皮靴回來，是有那麼一點得意的。然而，說實在話，我內心深處毋寧是自愧的成分多了些。原因無他，乃因我念的這所中學是私立的，不入流的，比起那位曾以第一名畢業，雖然頭一年同樣名落孫山，第二年終究考進本島人念的首屈一指的「名門校」（意如明星校）臺北二中的翁姓同學，我簡直是自慚形穢的。

——鍾肇政回憶錄〈一〉

一、學校的立場

站在教育第一現場的學校，對於學生的服裝，抱著怎樣的態度呢？

若翻閱當時臺中州教育會發行的機關刊物《臺中州教育》，一九三五年某一期，就有一篇文章提到，校服（即學生制服）是全體學生穿著的特定服裝，具有統一管理之意。因從衛生、體育、容儀、實用與等各方面著眼，才有了制服的出現，也就是說，制服可以增進學生的身體健康、活動輕快、外表美觀並促進家庭經濟的節約。

一九二〇年代，當高等女學校學生開始換穿洋式制服時，當時臺北第一高女校長秋吉音治面對外界質疑，也曾就此投書報紙發表看法，這也相當程度反映了學校機關之於制服的立場。她認為，制服的制定需符合教育目的、經濟考量及不失美感等三大面向。就學校立場而言，教育真正的價值即是不分貧富貴賤，都能平等受教，因此，讓學生穿著一致的服裝，可避免競相穿著奢華服飾，同時，由學校統一制定服裝，除了能兼顧學校對美感的要求外，無形中也減輕了家長們的經濟負擔。

接著，我們看看同時期的臺北師範附屬小學校，如何跟家長們說明換穿洋式制服的原委。首先，學校認為，若任由學生自行穿便服上學，會讓學生產生今日不知要穿什麼衣服上學的困擾，但若由學校統一制定服裝，不但能免除此困擾，制服也更符合校內課程活動對便利性的需求。此外，制服不僅可在學校穿著，上學以外的時間也很適合，更有助於減輕家長們的經濟負擔。

從上述二例明顯可知，學校做為制定學生制服的主導者，當然舉雙手贊同制服的必要性，畢竟學校可透過制定制服干涉學生的服裝，使制服達到學校期望的樣式與形象。當然，面對家長們的反彈與質疑，學校會從衛生、經濟、便利等方面加以闡述其優點，使家長們理解並支持學校的作法。

二・輿論的看法

對於一九二〇年代起，各級學校開始制定洋式制服，社會大眾又是如何看待呢？我們從當時的報紙雜誌，約略可以一窺究竟。

一九一八年九月二十八日，當時臺灣最大報《臺灣日日新報》裡，有篇社論就談到了學校制服，它認為，制服的目的在於養成學生的自制心及增進學生活動的敏捷程度。

在隔年三月的一篇社論中，再次談論了制服。文章的作者覺得，穿制服除了讓學生方便活動，也能約束學生的言行舉止，增進他們的榮譽心，進而達到維護學校校譽的作用。文章中也特別指出，那個年紀的高等女學校學生最注重儀容，若學校放任女學生們隨意穿著便服，學校將成為她們展示奢華服飾的最佳舞台，這對教育而言將是一場災難。因此，社論不但極力贊同制定制服，也提出制服應以樸素為原則，才符合學生的年紀應有的自然之美。

除了報紙社論的主張外，在一場一九二〇年，臺北某校的家長會上，也談論了學生制服的議題，有家長認為，制服本身在經濟節約、行動便利及其蘊含的紀律性上都無可取代，從而贊成制定學生制服。

事實上，在此要說明的是，以高等女學校的學生為例，女學生們此前穿著和服樣式的服裝上學，但和服的穿著繁瑣，加上過於束縛身體，的確有害於正在生長發育的學生健康，並造成課程活動上的阻礙，更不用提整套和服的價格遠遠高於洋式制服。因此，無論從家庭經濟、學生活動、身體發展乃至學生紀律，這些都成了一般社會大眾贊成制定洋式制服的理由。

隨著洋式制服的推行，社會大眾也逐漸接受了洋式制服。因此，一九三六年，某間學校的學生家長甚至投書雜誌，痛陳在臺北市多數小學都已制定制服的當下，該間學校仍未制定制服著實不可思議。

然而，在學校推行制定洋式制服的過程中，也非所有人都贊同制服；之中當然也有持反對意見的人。

首先，在一九一九年左右，日本內地興起了一股廢除學生制服的聲浪，起因在於，第一次世界大戰結束後，日本經濟蕭條，整套學生制服成為當時家庭的極大負擔，因而有了廢除學生制服的檢討聲；而這股風潮也吹向臺灣，出現反對學生制服的意見。

日日小筆

○中等學校に於ける生徒の制服に關しては昨日も卑見を開陳したるが如く國家經濟上宜しく他の代用品を以てすべきもの、一なり、特に制規として毛織物を使用せしむるに至りては全然時勢を辨知せざる愚見と謂ふべきのみ、制服勵行の目的は生徒の自制心を養成せしめ且つ動作の敏活を期成するに在りとせば他の方法を以てするも敢て之を達成するに難からず、必らずしも高價の洋服と靴とを着用せしむるに及ばずと思ふ。

○中村文學士の經營する東京市外の成蹊學校に於ては初めより硬教育を以て主眼とし　聊か他の學校と其流儀を異にするも、今回は特に時局に鑑み、筒袖綿服を奬勵し且つ餘りに形式に拘泥するの弊を矯正するに力むるもの、如し、羊毛若くは皮革衔用の結果として倫敦巴里の中心道路に於ても既に異樣の服裝を爲し或は跣足にて徒歩するものあるの今日に當り、我國の學校生徒に對して是非とも洋服と靴とを著用せしめざる可らざるの必要果して何處にかある。

○教育家の宿弊は其の餘りに拘子定規なるに在り、制服勵行の場合に於ても、其見解の往々にして偏狹冷酷に失し、啻だに時勢と背戾するのみならず、之が爲に却りて教育の眞目的を沒却するは豈に甚だ痛惜すべきにあらざるか、物價騰貴の影響は各學校生徒の學資金を膨脹せしめ父兄の財囊を枯渴せしむること少からず一個の洋服一足の靴と雖も成るべく之を節約せしむるを要す、此點に關する學校當局の措置は遺憾ながら沒常識たるを免れず。

○外套を所有せざる學生が雨天の際に當りて雨傘を使用するも教育上何等の差支なきにあらずや、然るに某學校に於ては「雨傘校門に入るを許さず」との規定あり已むを得ずして雨傘使用者は附近の人家に預け置き僅かに校禁を誤魔化さんと欲するもありと云ふ、斯の如きは却りて生徒の道德心を傷害するものと謂ふべく、角を矯めて牛を殺すの嫌なきにあらず。

○女學校に於て綿服筒袖を勵行するも亦た餘りに窮屈に過ぐ、家庭の常服と一致せざる服裝は要するに父兄の煩累と費用とを增加せしむる所以にして其の效果は學校當局者の誇大妄想するが如きものにあらず、已むなくんば常服の上に被むるべき輕便なる上衣を使用せしむるのみにて可なり、格段必要もなき服裝問題の爲めに腐心するは吾人の敢て取らざる所、敢て之を學校當局者及び父兄に諮かる所以。

〈日日小筆〉，《臺灣日日新報》，1918年9月28日，第3版。

當時，一篇刊登在雜誌《新臺灣》中的投稿文章提到，在物價高漲的今日，當日本、朝鮮陸續廢除官吏或學生制服之際，靜修女學校（今臺北靜修女中）竟反其道而行，制定了新的學生制服，作者認為，這不但浪費且非常沒有意義。

另外，也有一位署名「某位母親」的讀者在一九三六年投書雜誌、反對制定制服，她的理由是：服裝的統一會抹滅學生的獨特性及穿著不同衣服的趣味性，再者，更阻礙了學生對自我審美觀的培養，及家中舊衣的再利用。

這位對制定制服持反對意見的母

親，突顯即使在制服已然成為臺灣社會主流的一九三六年，多數臺灣人已接受學生穿著制服時，反對制服的聲音仍舊存在。例如：一九三五年左右，臺中的明治小學校（今臺中市大同國小）欲制定新的學生制服時，就遭到家長們的強烈反對。

●裁縫業者的處境●

當臺灣各級學校陸續引進洋式制服後，由於初期傳統的家庭裁縫技術無法製作制服，因此，若非在校內裁縫課程上教導學生縫製制服，就是仰賴服飾專門店，學生才能買到合乎規定的制服，而所謂的服飾專門店，就是俗稱的裁縫業者。

學校採行洋服為學生制服，可想而知，當然增加了這些業者的營收，但這種情況到了戰時的一九三九年又有了轉變。這是由於，為因應戰時的資源節約，臺灣總督府意圖統一管制全臺中小學的學生制服，不僅將衣服原料規格化，並委託特定業者從事原料的購入、加工，再由互助會販賣，這種作法嚴重影響了原來裁縫業者的生存。

原本經濟統制是為了戰事順利，但如今卻直接威脅了這些業者的生計，因為新的制服統制實施後，學生將不再向裁縫業者訂製與購買制服，這將造成業者的極大損失，因此報章媒體便呼籲，有關當局實施這項政策時，也要顧慮裁縫業者的處境，不宜馬上實施；並認為，除了延後實施期限，讓業者有較多時間因應外，也應給予業者統制制服的販賣權。

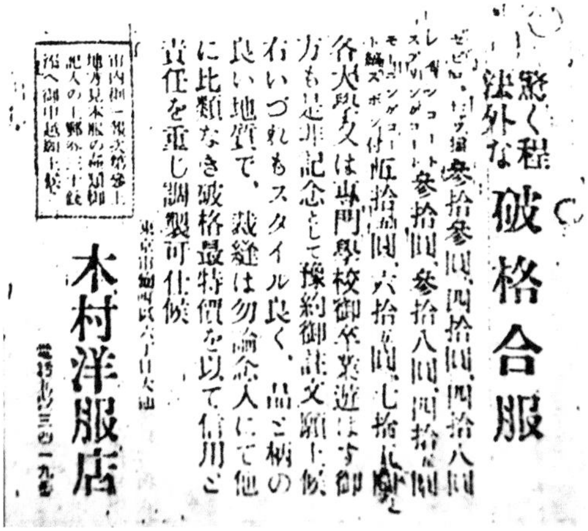

—裁縫業者服務項目——製作學生制服
圖片來源：《臺灣日日新報》，一九二九年三月十九日，第一版。

對於這樣的情勢，裁縫業者採取了因應措施，成立各種學生服組織，例如：臺南市內學生制服加工販賣的業者組成了「臺南學生服商組合」、嘉義市的裁縫業者成立「嘉義市學生服商組合」，及中部和洋雜貨商合力組織的「中部學生服商組合」等。

這些組合不僅作為裁縫業者之間的協調管道，也謀求保障業者們的權利。他們向有關當局陳情，說明學生服統一將造成業者們的生存困

販售學生制服的商店廣告
圖片來源：《臺灣日日新報》一九三〇年四月一日，第一版。

境，使既有的幾萬件庫存品形同報廢，進而提出延期實施並確保業者販賣權的請求。

基隆商工會議所更建議，全臺相關業者結合起來，組成類似株式會社的組織，承包原料的配給、制服的生產乃至配銷與販賣。這不僅符合有關當局當初實施此項政策的目的，也兼顧了業者的生存權，有效解決庫存品的處理和原料不足的問題，並能防止業者彼此的惡意削價競爭；當然，消費者藉此也能減少購買時的麻煩並降低買到粗糙劣質品的機率。

順應業者的請求，加上為了提供學生們精美、便宜的學生制服，一九四一年三月，「臺灣學生服配給組合」在臺北市正式成立。此組織成立的最大目的，便在於有效解決戰時學生服原料的不足與不均，進而能在最小的限度上，提供中等學校以下學生不虞匱乏的制服。

三、順從？反抗？——學生的想法

日治時期的學生對於身上穿著的制服，究竟有什麼樣的感想呢？當時，一位就讀臺北第二高女[1]的日籍女學生是這樣說的：

「穿著制服走在路上，行人都注視著我，讓我覺得害羞卻又很得意，小學生看到我穿著二高女的制服都心生羨慕。我穿著制服心裡很喜悅，一股幸福感油然而生。」

同校另一名女學生也有描述如下：

「新制服！等待已久的新制服，今天終於可以穿上我焦急渴望已久的新制服了。這是多麼值得感謝的事情啊！穿著此制服讓我感到很自豪，因此每當我穿制服外出時總因高興而面帶笑容。」

不僅日籍學生，當時就讀於臺北工業學校的臺籍學生也有相似看法：

「開學約二週後，我換上學生制

服，戴上學生帽，顯得多麼神氣，恨不得暑假早日到來，好衣錦還鄉給家人看。」

此外，一位臺南第二高女（今國立臺南女子高級中學）的臺籍女學生也提到：

「穿著二高女的制服走在繁華的街上，當聽到店員發出的聲音『啊！是二高女！』，內心會不由自主的感到驕傲。」

作家鍾肇政在他的回憶錄裡亦有一段內容，描述他就讀淡水中學時，穿著學校制服返鄉時，心中油然升起的得意與興奮之情。

不管是日籍或臺籍學生，也無論就讀什麼學校（當時能繼續升學就是件不容易的事），學生們對於穿上制服，顯然普遍感到欣喜與自豪，畢竟當他們穿著制服外出時，路上行人都會對他們抱以注目的眼光。

然而，這也意謂著，他們的一言一行都會成為外界矚目的焦點，例如：一位臺北第二高女學生就這樣說：

「走在路上，行人皆注視著我的樣子，因此當我穿著制服外出之時，心裡就會特別的謹慎，深怕影響到學校的名譽。」

可見學生們都能了解，制服代表學校，因而在穿著制服時都格外戒慎恐懼，並時時注意自己的言行舉

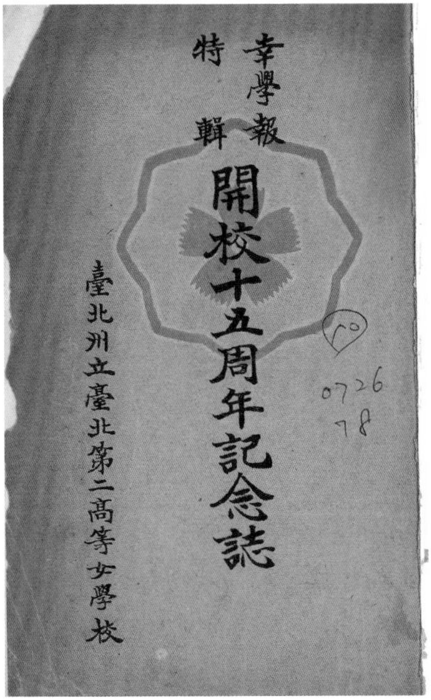

昭和 9 年（1934），臺北第二高等女學校創校 15 週年所出版的紀念刊物，除了校史沿革與職員資料外，當中亦收錄了當時學生投稿的文章。此書現藏於臺灣圖書館。

鍾肇政回憶錄（一）（臺北：前衛出版社，1998 年）

止，避免做出危害校譽的行為，這也符合法國社會學家傅柯（Michel Foucault）關於「身體規訓」的論述，即透過穿著制服，學生們不敢胡作非為，而當行為受到了約束，也會進而成為權力作用下的柔順者。

然而，傅柯在闡述規訓權力對個體的運作時也認為，個體並非一開始即如此溫馴，而是會對權力有所反抗，因此，即便多數學生對於穿著制服表現出得意、興奮之情，進而產生約束力，但並非所有學生都總是遵守穿著制服的規範。

究竟，他們如何反抗制服呢？一位當時就讀新竹中學（今國立新竹高中）的臺籍學生提到了一個有趣的現象：

「學校規定褲子兩旁不許有口袋，以避免學生把手插進褲袋的難看行為，然而學生們仍然請服裝店製作口袋，等到學校檢查時則用針線將其縫合起來，以應付檢查。」

大體而言，當時常見的學生制服違規包括：拔除帽上的帽芯、覆蓋校名徽章、穿戴規定以外的帽子；上衣方面，則是拉長下襬、延長袖長、立起領子；下半身的違規則有：穿著顏色不符規定的褲子或女學生穿著過短或褶數不符的裙子等；鞋子方面，則有學生穿著木屐，甚至有女學生穿高跟鞋上學。

和當今的臺灣社會兩相對照，是否發現有不少異曲同工的相似處呢？

前面提到，日治時期的臺灣校規，除了包括：學生上學時需穿著制服，放學後外出者，仍需穿著制服外，學校還有固定在外巡視的教師，監視學生們的言行，並透過制服來識別各校的學生，而學生們對此情況又如何因應呢？

一位臺北工業學校的校友便回憶道：

「校外電影院通常是禁止學生去看電影，臺北市的中等學校各校的教師在外面如果看到學生進電影院，任何一個學校的老師都可以將學生的學校學級登記起來通報，所以我們若是去看電影，通常會先將縫有學級資料的領子翻起來，並蓋住衣服的扣子，讓他們無法登記。」

話雖如此，但不按規定、穿著制服以外的服裝外出仍是危險的舉動，畢竟學生們得冒著隨時被發現、進而遭懲處的嚴重後果。

黃玉柱（光華照相館），日治時期女學生（彩繪上色），日本，1940s（攝影家家屬收藏）。一名穿著學生制服的女學生。

附錄：臺灣學校制服沿革年表

時間	一八九五～一九一〇				
	1896	1899	1906	1907	1910
高等教育、師範學校	國語學校制定洋式制服	國語學校制定與文官制服相似的立領學生服			
男子中學校				臺灣總督府中學校（臺北州立臺北第一中學校前身）出現立領學生服	
高等女學校			臺灣總督府國語學校第三附屬女學校（臺北州立臺北第一高等女學校前身）出現海老茶袴（上身為和服）		國語學校附屬女學校（臺北州立臺北第三高等女學校前身）出現紫紺袴
小公學校					
學校教師		臺灣總督府頒布「臺灣總督府文官服制」、「臺灣總督府文官服裝規則」			

一九一〇～一九二〇

1911		臺灣總督府中學校修訂學生服裝			
1913				臺北師範學校附屬小學校出現「タッケ」（改良式的袴）	修正文官服制，男性教師開始穿著文官制服
1915		臺灣公立臺中中學校（臺中州立臺中第一中學校前身）制定學生制服	國語學校附屬女學校統一穿著紫紺袴制服		
1916				臺北師範學校附屬小學校出現改良運動服	
1917	臺灣總督府醫學校出現洋式立領學生服		臺灣總督府臺北高等女學校學生袴長、袖長縮短 國語學校附屬女學校紫紺袴增添二條黑線	臺北師範學校附屬小學校運動服再次修改	
1919	臺灣總督府醫學專門學校、臺北師範學校修訂學生服			臺北師範學校附屬小學校出現水手服制服	
1920					修正「臺灣總督府文官服制」

一九二〇～一九三〇

時間	1920	1922	1924	1925	1926	1927	1928
高等教育、師範學校		臺灣總督府臺北高等學校制定洋式立領學生服 臺灣總督府高等農林學校出現洋式立領學生服			臺北師範學校修訂學生制服		臺北帝國大學制定學生服
男子中學校				臺北州立臺北第一中學校制定新的洋式學生服			
高等女學校		臺北州立臺北第一高等女學校制定洋式制服 臺北州立臺北第三高等女學校制定洋式制服	臺北州立臺北第二高等女學校制定水手服			臺北州立臺北第三高等女學校洋式制服裙襬增添三條黑線	
小公學校	都市小學校開始制定洋式制服						
學校教師							

一九三〇～一九四五

1930
臺北帝國大學附屬農林專門部修訂學生服
部分都市地區的公學校開始出現洋式制服

1932
臺南高等工業學校出現洋式摺領學生服

1933
臺北州立臺北第一高等女學校學生制服改為洋式水手服

1934
臺南高等工業學校修訂學生服成為立領學生服

1936
臺北州立臺北第一中學校學生制服換穿國防色

1939
總督府頒布「學校生徒兒童ノ服裝統制ニ關スル件」，統一全臺中等以下學生服裝

註釋

第一章

1 培理（Matthew Calbraith Perry, 1794-1858）是美國海軍軍官。建造蒸氣艦有功，被稱為海軍的蒸氣船之父。一八五二年三月被任命為東印度艦隊的司令官兼遣日特派大使，翌年率命四艘軍艦於日本浦賀入港，攜帶美國總統米勒德．菲爾莫爾的親筆信函要求日本開國。一八五四年再度率領七艘軍艦來航日本，藉由砲艦的威嚇成功與日本訂定美日親善條約，並開放下田、函館。著有《日本遠征記》。請參考石上英一等編，《岩波日本史辭典》（東京：岩波書店，一九九九年十月二六日初版），頁一〇三三。

2 福澤諭吉（一八三四—一九〇一）是明治時代的啟蒙思想家，慶應義塾的創立者。一八三四年出生於攝津國大坂堂島（現屬大阪府），一九歲時前往長崎學習蘭學，成為他人生的轉捩點。二四歲那年他前往江戶的中屋敷教授蘭學，這小規模的蘭學塾後來成為了慶應義塾的前身。一八六〇年以後曾隨軍隊、使團前往美國、歐洲各國，這幾次的海外經歷，使他感受到普及西學的重要性。並書寫了《西洋事情》等書，開始了對西學的啟蒙運動。明治維新後，福澤繼續大力提倡西學，並提出創立不成文憲法的論調，一九〇一年因腦出血而病逝。請參考國史大辭典編集委員會，《國史大辭典第十二卷》（東京：吉川弘文館，一九八八年），頁七三—七四。

3 兵式體操代表著近代體育中鍛鍊強化的積極面。一八八三年，日本伴隨著徵兵令的修正，文部省附屬體操傳習所著手步兵操練科的調查，首先從中學校和師範學校開始實施，一八八五年定名為兵式體操。一八八六年各學校令頒布以後，和普通體操同時被確立。兵式體操的推動者是當時的文部大臣森有禮，強調兵式訓練的意義在於養成堅守天皇制國家體制及忠君愛國精神與體力，而後逐漸強化其軍事性格，其實施內容也以陸軍的「步兵操典」為準則。請參考國史大辭典編集委員會，《國史大辭典第十二卷》，頁四六〇。

4 森有禮（一八四七—一八八九）是日本明治時代前期的外交官、政治家。幼名助五郎，後稱金之丞。一八四七年出生於鹿兒島，是薩摩藩士森喜右衛門有恕的五男。幼年時期受到同鄉先輩的感化而對洋學眼界大開，進入藩校造士館就讀後，因深感了解海外事情的重要，於是努力學習各種洋學，後來並赴美國留學。學成歸國後，在明治新政府擔任要職，歷任外務少輔、駐清公使、駐英公使，並與井上馨一同參與條約改正的交涉。一八八五年，在第一次伊藤博文內閣時擔任第一任文部大臣，一八八六年公布諸學校令，著手近代教育制度的全面改革。擔任文部大臣期間提出「良妻賢母教育」的主張，並積極推展兵式體操。一八八九年遭到國粹主義者西野文太郎刺殺並於翌日身亡，得年四三歲。請參考國史大辭典編集委員會，《國史大辭典第十三卷》，頁八五八—八五九。

5 羽織的日文為はおり，是和服用外衣的一種，為半身罩衫。除了天冷時穿著在和服外面，也常在正式場合穿著。一般長度為及膝或更短，正面則以細帶子打結固定。正式的羽織為黑色。袴的日文為はかま，是和服二件式的下衣，乃加在和服外頭的服裝，男裝的「袴」類似褲裙，下襬寬鬆，為打摺的褲裝；女裝的「袴」則類似長版的褶裙。請參考文化出版局編，《服飾辭典》（東京：文化出版局，一九八七第九刷），頁六三六—六三七、六三八。

6 鹿鳴館是一幢佔地約四四〇坪的兩層樓磚瓦建築物，「鹿鳴」之名來自《詩經》中的「呦呦鹿鳴，食野之苹，我有嘉賓」，具有迎接嘉賓的意義。請參考富田仁，《鹿鳴館：擬西洋化の世界》（東京：白水社，一九九二年七月十日四刷），頁七。

7 Bustle 即「腰墊」（裙撐），為了讓女用裙子後部（腰的位置）鼓起來，能夠膨脹又能支撐的框架。其材料、形狀依時代、國家、流行性而有不同。腰墊的盛行始於中世紀，一八三〇年代稱為裙撐，一八五〇—一八六〇年代則是硬布裙的全盛時期，一八六五—七六年左右則叫襯裙，東西是鐵製的半鐵環型。裙撐的全盛時期在一八八〇年代的法國，因此其名稱也是從法語而來。此時，誇張的臀圍也到達極限。裙撐也有在裙子後面腰部上縫上蝴蝶結或打上皺褶的布。請參考文化出版局編，《服飾辭典》，頁六四六。

8 行燈袴的日文為あんどんばかま，形狀類似方形紙罩座燈的袴，這種袴是不附著的布料，左右沒有分開。明治時代女學生常見的穿著，後來也常看見男子使用。請參考文化出版局編，《服飾辭典》，頁四〇。

第二章

1 李鴻章（一八二三—一九〇一），本名章銅，字漸甫，安徽合肥人。一八四七年登進士第，一八五三年返鄉辦理團練抵抗太平軍。一八五九年投兩江總督曾國藩湘軍大營，受命往兩淮招募民勇，此為淮軍的濫觴。爾後，淮軍靠著新式武器、洋將之功，一路平定太平軍與捻軍，李鴻章本人則由江蘇巡撫、湖廣總督，累官至直隸總督兼北洋大臣，其麾下淮軍將領、洋員、幕賓、家屬亦自成一群，而有「淮系」之稱。其集團中的二位主力——丁日昌、劉銘傳，也先後以福建巡撫及福建臺灣巡撫之職，大力推行臺灣的自強運動。一八九五年清廷於甲午戰爭中失敗，為代表赴日簽訂馬關條約，將臺、澎割讓給日本。一九〇一年八國聯軍之役，清廷復敗，代表中方與列強簽訂辛丑和約。同年卒於官，諡文忠。後人收錄奏稿、公牘、信函、散作亦編《李文忠公全集》傳世。請參考許雪姬總策劃，《臺灣歷史辭典》，頁三九四。

2 伊藤博文（一八四一—一九〇九），日本山口縣人。曾入松下村塾，後隨長州藩木戶孝允參加幕末尊王攘夷運動。一八七一年任岩倉具視遣外使節團副使視察歐美。一八八一年政變後成為明治政府最高指導者。之後創設華族、內閣制度，制定大日本帝國憲法，設置樞密院，確立天皇制。一八八五年任首任內閣總理大臣，後共四度組閣，三度任樞密院議長。一八九五年馬關條約簽訂，臺灣割讓給日本，為日本總理大臣兼全權代表，後兼中央主管官廳臺灣事務局總裁。日俄戰爭後任韓國統監，為日後日本強行併吞朝鮮鋪路。一九〇九年在哈爾濱車站遭朝鮮獨立運動家安重根暗殺。請參考許雪姬總策劃，《臺灣歷史辭典》，頁二八〇。

3 對於殖民地的治理類型，福澤諭吉將其分成（一）自治主義原則，及（二）同化主義原則。自治主義原則是保留新領地的風俗習慣，雖然新領地施行特別制定的單行法律和稅制，但仍維持為一完整個體；統治國政府僅掌握統御的權利，使其隸屬母國版圖，例如：英國統治下的印度。同化主義原則完全摒除新領地原有的風俗習慣，將當地納入殖民母國的法律、制度與風俗之內，例如：白人在美洲的開發。

由於日本也在摸索如何治理臺灣這塊新領地，因此國內自然也出現分歧的意見。大體而言，福澤諭吉等一派人馬認為，臺灣應採「同化主義」，應視其為一個可以移入日本國內過剩人口的新領地，因而適用日本國內的一切法律與制度，並視之為「日本本土之延長」。另一派則認為，日本據有臺灣時日尚短，不宜立刻在離日本內地過遠之處，對臺灣實施同於日本國內的政治制度與法律。在參酌當時日本國內因素與臺灣的情勢後，治理臺灣的方式終於定案下來，即透過給予臺灣總督專斷性的權力，確立臺灣迥異於日本內地的特殊殖民地角色。

4 後藤新平（一八五七—一九二九），日本岩手縣人。須賀川醫學校畢業，歷任愛知縣病院院長、愛知醫學校校長。一八九八年三月隨第四任臺灣總督兒玉源太郎來臺任民政局長（後改民政長官），在臺任職長達八年八個月。當時的兒玉總督身兼數職，一九〇四年日俄戰爭前後，更忙於指揮陸軍作戰，一切臺灣政務全委由後藤新平處理，因而他握有臺灣總督的實權。他以尊重舊慣為統治臺灣的基礎，而舊慣調查、戶口普查、土地調查事業、鴉片漸禁政策、專賣政策等重大業績，都在其任內實施，臺灣殖民統治的基礎因而底定。請參考許雪姬總策劃，《臺灣歷史辭典》，頁五六七。

5 樺山資紀（一八三七—一九二二），日本鹿兒島縣人。一八七三年時，藉琉球漁民遭牡丹社「生蕃」殺害之名，與水野遵等到臺灣各處探查，翌年又隨西鄉從道率軍侵臺。一八八三年自陸軍轉入海軍，歷任海軍大臣、海軍軍令部長等。甲午戰後，海軍因主張其有領臺之功而得推薦為總督人選，樺山遂以其和臺灣的淵源而於一八九五年五月出仕首任臺灣總督。然臺灣雖割讓給日本，但各地武裝抗日不斷，統治乃以軍事鎮壓為主。因功授伯爵位，一八九六年六月辭職後，歷任樞密顧問官、內務大臣、文部大臣等。一九〇三年升為元帥。請參考許雪姬總策劃，《臺灣歷史辭典》，頁一二六四。

6 臺灣民主國是一八九五年於臺灣短暫存在的國家，起因於日清甲午戰敗，清將臺灣、澎湖等地割讓給臺灣，為了力抗避免臺灣落入日本手中，當時的臺灣巡撫唐景崧於同年五月二五日於臺北發表「臺灣民主國獨立宣言」，宣布成立「臺灣民主國」，並出任首任的大總統，但隨著日軍攻陷臺北，民主國隨即亡國。從民主國的年號定為「永清」，可見本質是遙奉清廷為宗主，然而宣言中的「公民」、「民主」等意識，仍是當時亞洲首見。請參考黃昭堂著、廖為智譯，《台灣民主國之研究》（臺北：稻鄉出版社，一九九三）

7 兒玉源太郎（一八五二—一九〇六），日本山口縣人。幕末時參與戊辰戰爭，明治維新後加入陸軍，歷經鎮壓西南戰爭等士族叛亂後逐漸嶄露頭角。甲午戰爭時任大本營參謀、陸軍中將，並授男爵。一八九八年任第四任臺灣總督，一九〇六年離任。任內與民政長官後藤新平奠定日本統治臺灣的基礎，消弭臺灣平地抗日勢力，使調查、交通、衛生、產業等事業得以進行，並引進日本資本，展開臺灣資本主義化。他擔任總督期間，亦兼任陸軍、內務、文部大臣等，一九〇四年升任大將、滿洲軍總參謀長，一九〇六年任參謀總長，並辭去臺灣總督之職。七月任南滿洲鐵道株式會社創立委員長，但不久後病逝，追敘為伯爵。請參考許雪姬總策劃，《臺灣歷史辭典》，頁四二四。

8 乃木希典（一八五〇—一九一二），日本山口縣人。一八九五年四月補第二師團長，九月起率軍入臺南，任南部臺灣守備司令官至翌年四月。一八九六年十月出任第三任臺灣總督，在治安對策上採行「三段警備」制，卻徒勞而少功；又極力主張振肅官紀，結果引燃行政與司法部門之衝突並導致引起憲法爭論的「高野孟矩事件」。一八九八年離職轉任近衛師團長。日俄戰爭時，為第三軍司令官，一九一二年明治天皇出殯之日，夫妻倆同時於自宅自盡，因而被譽為「軍神乃木」。請參考許雪姬總策劃，《臺灣歷史辭典》，頁四六。

9 保甲制度是日治時期總督府警察機構用來控制臺灣人社會的一種制度。清代臺灣的保甲制度原來是一種自衛組織，日治初期為鎮壓抗日勢力，一八九八年八月公布保甲條例。條例中規定，每十戶為一甲，十甲為一保，此外訂有保甲規約，一家犯法，十家株連，此種連坐制使保甲成為警察最有力的輔助機構。

甲長與保正由保甲民選舉，但選舉由警察操控。一九一一年保甲聯合會內新設保甲書記一職，負責戶籍登錄與地方行政事務。一九三〇年代以後，保甲組織成為戰爭動員的末端組織，保甲民必須負擔軍用設施之勞役，一九四一年以後，保甲幹部大多兼任皇民奉公會之職務。以一九三四年為準，全島有五萬一千七七六甲，五千三八三保。直到一九四五年六月保甲廢除為止，此一制度皆僅適用於臺人及在臺華僑，不適用於原住民與在臺日人。請參考許雪姬總策劃，《臺灣歷史辭典》，頁五四四。

10 海老茶袴是指海老茶色的袴，海老茶色大概接近葡萄色。此處指的是專門提供女生穿著的葡萄色系女袴。請參考湯本豪一，《絵で見る歴史シリーズ明治もの流行事典》（東京：柏書房株式會社，二〇〇五年），頁二五六。

第三章

1 明石元二郎（一八六四—一九一九），日本福岡縣人。一八九四年自陸軍大學畢業後，赴德國留學。甲午戰爭時以近衛師團參謀的身分從軍，並隨近衛師團攻打臺灣。一九一八年調任為第七任臺灣總督，並晉升為陸軍大將，後兼任臺灣軍司令官。在任的一年四個多月內，主要業績包括：實施日月潭水力發電計畫、成立臺灣電力株式會社及公布、施行臺灣教育令等。一九一九年十月，他在總督任內病逝福岡，依其遺言下葬於臺北三板橋日本人墓地，一九九九年改遷葬於臺北縣三芝鄉福音山的基督教墓地。請參考許雪姬總策劃，《臺灣歷史辭典》，頁四五三。

2 田健治郎（一八五五—一九三〇），日本兵庫縣人。漢學研究出身，歷任神奈川等縣警部長後，入遞信省。在臺灣割日後、日本內閣成立臺灣事務局時，即為交通部門的代表委員，與臺灣的淵源甚早。一九一九年起至一九二三年止，擔任第一位臺灣文官總督，在任長達四年，後因關東大地震而返日任農商務大臣。其治臺標榜內地延長主義，以「法三號」取代「三一法」為統治的根本大法。設置府評議會以討論律令施行之相關問題。改革地方行政為州市街庄制，設置協議會以備諮詢。准許內臺共學、廢止小學教師帶劍、笞刑等，並促成「東宮行啟」（皇太子來臺）之巡禮儀式。請參考許雪姬總策劃，《臺灣歷史辭典》，頁二六六。

3 小林躋造（一八七七—一九六二），日本廣島縣人。海軍大學校畢業，一九一三年起長期駐在英、美等國，一九三〇年以後歷任海軍次官、聯合艦隊司令長官、軍事參議官等。一九三六年出任臺灣總督。揭櫫「南進基地化、工業化、皇民化」三大施政方針，具體措施包括：廢除報刊漢文欄、鼓勵臺人改姓名、參拜神社等，對廈門、海南島等日本占領地行政積極配合，並以臺灣拓殖株式會社等為中心發展工業。一九四〇年十一月辭總督職，戰後因被指為戰犯而入巢鴨監獄，但很快獲釋。有傳記《小林躋造傳》。請參考許雪姬總策劃，《臺灣歷史辭典》，頁一〇二。

4 吳濁流（一九〇〇—一九七六），本名吳建田，新竹新埔人。臺灣總督府國語學校師範部乙科畢業，後因日本官方「郡視學」（督學）凌辱臺籍教員，抗議無效，憤而辭職，結束二一年的教師生涯。一九四一年赴南京任《大陸新報》記者，一年後返回臺灣，先後任《臺灣日日新報》、《臺灣新聞》、《臺灣新生報》、《民報》記者，一九四九年起轉任臺灣機器同業公會專門委員。他在一九三六年之後，即三七歲起才開始創作小說，卻是臺灣一九四〇年代及戰後初期最早得以出版中文小說的本土文學作家。前期小說以日治時期的生活為故事背景，代表作為《亞細亞的孤兒》、《先生媽》；後期作品以反映戰後臺灣社會為主，代表作包括：《波茨坦科長》、《狡猿》等。其中，《亞細亞的孤兒》深刻描繪臺灣知識分子徬徨的靈魂，探討臺灣人種族國族認同危機，是公認的臺灣文學經典之一。另外，他以二二八事件為背景創作的《無花果》、《臺灣連翹》，也分別探索了戰後臺灣人的心靈傷痕。他對本土文壇另一貢獻，是在一九六四年獨力創辦了《臺灣文藝》雜誌，一年後又設立「臺灣文學獎」，以一己之力積極獎掖新人創作。以後更捐出退休金成立「吳濁流文學獎」，對臺灣本土文藝推動，不遺餘力，一九七六年逝世，享年七七歲。請參考許雪姬總策劃，《臺灣歷史辭典》，頁二五七。

5 矢內原忠雄（一八九三—一九六一），日本愛媛縣人。大正、昭和時期經濟學家、教育家。一九一三年就讀於東京帝國大學法科大學政治科。一九二〇年起，任教於東京帝國大學講授殖民政策，一九二六年出版《殖民及殖民政策》。一九二七年至臺灣從事調查旅行，並於一九二九年出版《帝國主義下の臺灣》，以尊重人權的立場持續批判日本的殖民政策。矢內原是基督徒，師事內村鑑三，並在思想上深受其影響。一九三七年在《中央公論》發表論文〈國家の理想〉，全文遭到刪除。矢內原於旅行演講中的言論遭到反戰思想的攻擊，使其不得不於該年十二月一日提出辭呈。第二次大戰期間，他在自己創辦的《嘉信》雜誌中宣揚和平與信仰。一九四五年十一月，復任東京帝國大學教授，並於一九五一年就任東京大學總長。著作集有《矢內原忠雄全集》，共二十七卷。請參考許雪姬總策劃，《臺灣歷史辭典》，頁二七〇。

6 水手服的日文為セーラ，英文為sailor。這是一六二八年，英國海軍開發的軍服款式，中間經過多次改良，並於一八五七年，正式成為英國海軍水手的軍服：前胸為V字領圍繫上領巾，背部為四角領飾。由於當時的大英帝國是世界上最強的海權國家，穿著水手服的海軍士兵隨著戰艦航行各國，使這款水手服很快席捲了全歐洲，而日本也在一八七二年，採納此款設計作為水兵的制服。一八六四年，英國海軍將以水手服改製而成的童裝獻給維多利亞女王，使水手服成為一種適合兒童穿著的服飾，此後，穿上大英帝國皇家海軍的水手服象徵兒童不同於一般階層，而水手造型的服飾也成為中上層小孩的專屬服飾。一九〇一年，裁縫師將水手造型設計加入小學生的制服設計中，並將之改良為一件式的上衣，這種設計不但獲得好評也成為新的風尚。就此，水手服從特殊階層的流行服飾，轉變為大眾階層的制服樣式。隨著當時日本引進歐美文化的熱潮，因而對歐美商品懷抱極高興趣，這款水手服造型的制服，就這樣傳入了日本。請參考辻原康夫，《服飾的世界地圖》，頁九六；保羅．福塞爾，《愛上制服：制服的文化與歷史》（臺北：麥田，二〇〇四年十月一日），頁一九九—二〇〇。

第五章

1 拿破崙帽（ナポレオンぼう）是一種法國政府時代的呢絨製帽子，屬於二角帽。由於拿破崙喜愛戴這種帽子，故又稱為拿破崙帽。請參考文化出版局編，《服飾辭典》，頁五九五。

2 達磨服（だるまふく）是幕末到明治初年士兵穿著的一種短上衣，此名稱是由法國軍隊騎兵所穿的短上衣名dolman轉化而來。請參考文化出版局編，《服飾辭典》，頁四九七、五七八。

3 日覆（ひおい或ひおおい）是為了防熱而套在帽子上的白布。請參考劉元孝編，《永大簡明日華辭典》，頁一一一八。

4 山高帽是一種男子禮帽，也叫山高帽子。使用硬材質的毛氈製品，帽頂是圓的，帽緣微微寬平，之後也流行左右對稱、有些微彎翹的款式。日本在一八五三年開始制定武士的正式和服禮服，自一八七二年（明治五年）左右開始流行。明治二〇年代，晨間禮服大衣加上山高帽，並在背心上別上金鎖，並且手拿細長拐杖可謂明治紳士風格的一種，慢慢地也流行到全國各地，並在一八九〇、一八九一年時到達流行巔峰。到了大正時代，與和服的禮服一起被廣泛使用，到了約一九三八年時，則與晨間禮服大衣及晨間燕尾服一起使用。請參考文化出版局編，《服飾辭典》，頁九〇一。

5 大黑帽子（だいこくぼうし）是帽子的一種。在明治中期和中摺帽、鳥打帽相同，都是一般日本男性頭上常戴的帽子。如同大黑頭巾，上邊為圓形，頭頂部分則和帽帶一起被編織而成。請參考文化出版局編，《服飾辭典》，頁四七一。

第六章

1 大日本帝國文官制度分為高等官與判任官兩種。由各行政官　自行選考任命的是「下級官吏」，稱「判任官」（相等於今之委任），共有一到四等，其中最低階者不稱其官，逕稱其為「判任」。通過「高等或文官考試」才是「文官」或「高等官」，官階由最高的一等到最低的九等，其中一等、二等，特稱為「敕任官」（相當於今之簡任），其就任職位要有天皇敕令；三等到九等，則稱為「奏任官」（相當於今之薦任），就任職位需內閣總理大臣任命，至於「敕任官」上頭另有「親任官」，由日本天皇經親任式任命，在臺灣，僅臺灣總督是親任官。請參考岡本真希子，《植民地官僚的政治史：朝鮮、臺灣總督府與帝國日本》。

2 蔡式穀（一八八四—一九五一）號春圃，

新竹人。一九〇三年自臺灣總督府國語學校畢業，一九一二年赴日留學，先後畢業於明治大學法科專門部正科及中央大學法科高等研究科。一九一六年擔任東京臺灣留學生所組成的「高砂青年會」（後改稱臺灣青年會）會長。一九二〇年新民社成立後，擔任幹事，一九二三年二月，通過辯護士（律師）試驗，並於臺北市太平町開業。此外，擔任臺灣文化協會理事，並與蔣渭水、蔡培火等人籌組臺灣議會期成同盟會，一九二三年治警事件發生後遭逮捕入獄。一九二五年任二林事件辯護律師，且成為一九二七年臺灣民眾黨顧問及一九三〇年臺灣地方自治聯盟的常務理事。另外，亦擔任臺灣辯護士協會理事、臺北市辯護士協會常務委員。一九三五年十一月，當選第一屆臺北市會民選議員，一九三九年連任。戰後，婉拒陳儀邀任高等法院院長，僅擔任臺北市政建設委員一職。一九四八年後任臺灣省通志館、臺灣省文獻委員會編纂。另外，亦曾任臺北市律師公會監事。請參考許雪姬總策劃，《臺灣歷史辭典》，頁一二三〇。

3 黃旺成（一八八八—一九七九）或做陳旺成，筆名菊仙，新竹人。臺灣總督府國語學校師範部乙科畢業，一九一一年在新竹公學校任訓導，一九一八年辭教職，組「良成商會」，經營米、糖、油等買賣，二年後商會結束，轉入臺中蔡蓮舫家為西席，一九二五年辭職，開始進行文化啟蒙的演講，加入文化協會，並於一九二六年任臺灣民報社記者及新竹支局長。文協左傾後脫離文協，成為創立臺灣民眾黨的主要人物之一，之後反對蔣渭水將黨改為以農工階級為中心的民族運動，堅守全民運動的本質。一九三二年黃旺成因故退出《臺灣新民報》。一九三六年當選新竹市會民選議員。戰後擔任三民主義青年團新竹分團主任，擔任《民報》總主筆，二二八事件之後《民報》遭查封，隨即避難上海。請參考許雪姬總策劃，《臺灣歷史辭典》，頁八三六。

4 原敬（一八五六—一九二一）號一山，出生於岩手郡本宮村（即現在岩手縣盛岡市），是日本明治、大正時代的政治家。歷任遞相、內相、內閣總理大臣。一九一八年米騷亂後，原來的寺內內閣為了對事件負責而集體總辭，原敬於是接任，打破薩長藩閥政治，成功組織日本第一次的政黨內閣，但在任內遇刺身亡，享年六六歲。由於多次推辭加封爵位而被譽為「平民宰相」。請參考國史大辭典編集委員會，《國史大辭典第十一卷》，頁七〇一—七〇二。

5 楊肇嘉（一八九二—一九七六），臺中清水人。一九二九年畢業於早稻田大學政治經濟科。一九二〇年十月日本在臺實施地方自治新制，楊氏被任命為首任清水街長，但仍勇於參加臺灣議會設置請願運動等臺人民族運動。一九二七年擔任臺灣民眾黨駐日代表，向內閣提出地方自治等一五項要求，時人譽為「臺灣獅」。一九四一年離臺赴上海發展實業，戰後被推為「臺灣旅滬同鄉會」理事長，及「臺灣重建協會」上海分會籌備人。一九四六年因向南京政府陳訴陳儀在臺之失政，不僅國民參政員的選舉疑遭陳儀當局從中作梗，還引來上海的牢獄之災。政府遷臺後，曾任省府委員及民政廳長。著有《楊肇嘉回憶錄》。請參考許雪姬總策劃，《臺灣歷史辭典》，頁九七三。

6 井口あくり（一八七〇—一九三一）是明治、大正時期日本女子體育界的先驅。一八七〇年出生於秋田縣，一八八四年入學秋田縣立女子師範學校，一八八八年進入東京女子高等師範學校就讀，一八九九年赴美留學，翌年入美國波士頓體育師範學校，歸國後，於東京女子高等師範學校擔任教授，將瑞典體操加以介紹並推廣於日本，一九三一年逝世，享年六一歲，著有《各個演習教程》。請參考國史大辭典編集委員會，《國史大辭典第一卷》，頁四五九。

7 女性燈籠褲的出現始自一九世紀末西方國家，隨著科技發展，西方國家人們的生活方式、審美、價值觀念等受到影響，服裝也不例外。當工業發展使得人們生活水準提高，人們也開始有越來越多餘裕從事體育運動，當時，因為西方女性既有的服裝無法適應運動時的需求，所以開始有婦女穿著燈籠褲從事體育運動，這是因為燈籠褲較為寬鬆，寬度是現在褲子的兩倍，而長度也較長，因此有利於女性活動。請參考莊宜錦，《西洋服裝史》，頁一九七、二〇四—二〇五。

8 大甲帽、林投帽都是臺灣民間傳統的草帽，大甲帽以大甲藺為原料，因為成品集散於臺中大甲等原因，故習稱「大甲帽」；林投帽則是以林投樹葉編製而成，所以稱為「林投帽」，兩種草帽在日治時期都是相當普遍盛行的帽子。

第七章

1 菊元百貨店是一九三二年由日本人重田榮治所創設，是臺北及臺灣第一家百貨公司。地點座落於臺北榮町（今臺北市衡陽路與博愛路口，現為國泰世華銀行臺北分行）。重田早年曾至中國打仗，二六歲時來臺創業，從事棉布批發的生意，後來聽說日本內地的三越、高島屋等百貨公司有意來臺設立，搶先一步在臺北開設樓高六層的菊元百貨店（若加上頂樓則為七層，所以也稱「七重天」），成為當時最高的大樓。菊元百貨店內設有升降梯（當時叫做「流籠」），並有電梯小姐負責操作，吸引許多客人前來參觀。請參考陳柔縉，《臺灣西方文明初體驗》（臺北：麥田出版，二〇〇六年九月六刷），頁一〇六—一一〇。

2 當今臺北市的區域輪廓在日本統治之後才逐漸成型，從最初延續清朝的舊制，幾經更迭後，一九二二年街庄改成町制，並編成六四個町十村落，並於一九三八年再併入九個村落，合計成為六四町一九村落。請參考蘇碩斌，《看不見與看得見的臺北—清末至日治時期臺北空間與權力模式的轉變》，頁二五六。

3 一八九五年四月一七日，日本與清廷於馬關條約議定割讓臺灣後，日本軍隊旋於五月二九日於澳底登陸臺灣，歷經與清軍鏖戰九日後，日軍於六月七日進入臺北城。六月一七日，首任總督樺山資紀於原布政使司衙門宣布在臺「始政」，並定此日為「始政紀念日」。此後，每年六月一七日均舉行各式紀念活動，除了宣示其統治權力外，也藉此節日宣揚其在臺殖民統治的政績。臺人政治社會運動漸起時，常諷其為「死」政紀念日，同時抵制其紀念活動。請參考許雪姬總策劃，《臺灣歷史辭典》，頁四三七。

後記

1 臺北第二高等女學校創立於大正八年（一九一九）四月一日，大正十年（一九二一）正式更名為「臺北州立臺北第二高等女學校」直到戰爭結束，並隨著國民政府接收臺灣而閉校。

2 鍾肇政（一九二五—），桃園龍潭鄉人，生於一九二五年。日治時期先後就讀於淡江中學、彰化青年師範學校。一九四五年畢業後，被徵為學徒兵，服日本兵役，日本投降後復員返鄉，擔任龍潭國民學校教師，開始學習中文。一九四八年進入臺大中文系就讀，旋輟學，仍任原職，並自修苦讀國語文。曾任中小學教師、報紙副刊、雜誌主編、東吳大學兼任講師、臺灣筆會會長等。著作除了頗具代表性的《濁流三部曲》、《臺灣人三部曲》等長篇小說之外，另有舉世聞名的《魯冰花》等多部長短篇小說，一生為文壇貢獻良多。請參考許雪姬總策劃，《臺灣歷史辭典》，頁一〇六九。

參考資料

〔工具書〕

- 《大阪朝日新聞》
- 文化出版局編，《服飾辞典》（東京：文化出版局，一九八七年七月十三日九刷）
- 石上英一等編，《岩波日本史辭典》（東京：岩波書店，一九九九年十月二六日初版）
- 金澤庄三郎編纂，《廣辭林》
- 《府報》
- 國史大辭典編集委員會，《國史大辭典》（東京：吉川弘文館，一九八八年）
- 《新臺灣》
- 劉元孝編，《永大簡明日華辭典》
- 《臺中州教育》
- 《臺中州立臺中第一中學校要覽》
- 《臺北帝國大學一覽》
- 《臺北高等商業學校一覽》
- 《臺灣日日新報》
- 《臺灣民報》
- 《臺灣教育》
- 《臺灣教育會雜誌》
- 《臺灣教育沿革誌》
- 《臺灣婦人界》
- 《臺灣歷史辭典》
- 《臺灣學事法規》
- 《臺灣警察時報》
- 《臺灣總督府公文類纂教育史料彙編與研究》
- 《臺灣總督府高等農林學校一覽》
- 《臺灣總督府國語學校一覽》
- 《臺灣總督府學事法規》
- 《臺灣總督府臺北高等學校一覽》
- 《臺灣總督府臺南高等工業學校一覽》
- 《臺灣總督府醫學校一覽》
- 《臺灣總督府醫學專門學校一覽》
- 《臺灣總督府警察沿革誌》

〔書籍〕

- 三高女校友聯誼會編，《回顧九十年：臺北第三高等女學校創校九十年紀念誌》
- 三高女校友聯誼會「光輝百年」紀念編輯委員會，《光輝百年：臺北第三高等女學校創校百年紀念誌》（臺北：三高女校友聯誼會，一九九七年四月）
- 小池三枝，《服飾文化論：服飾の見かた・讀みかた》（東京：光生館，一九九八年四月二五日）
- 小池三枝、谷田閱次，《日本服飾史》（東京：光生館，一九八九年一月十日）
- 小野正雄編輯，《創立滿三十年記念誌》（臺北市：臺北第三高等女學校同窗會學友會，一九三三年十月二十日）
- 山本禮子，《殖民地臺灣の高等女學校研究》（東京：多賀出版社，一九九九年二月二八日）
- 井出季和太，《臺灣治績志》（臺北：南天書局，一九九七年十二月二刷）
- 石附実編，《近代日本の學校文化誌》（京都：思文閣，一九九二年六月十五日）
- 矢內原忠雄著、周憲文譯，《日本帝國主義下之臺灣》（臺北：海峽學術出版社，二〇〇三年四月初版三刷）

- 竹中信子著、曾淑卿譯，《日治台灣生活史：日本女人在台灣（大正篇 一九一二—一九二五）》（臺北：時報文化出版社，二〇〇八年一月十五日二刷）
- 吉野秀公，《臺灣教育史》（臺北：南天書局，一九九七年十二月臺北復刻二刷）
- 朱珮琪，《臺灣日治時期菁英教育的搖籃：以臺中一中為例》（國立清華大學歷史研究所碩士論文，一九九九年）
- 芝原仙雄編，《臺北師範學校創立三十周年記念誌》（臺北：臺灣日日新報社，一九二六年十月十七日初版）
- 佐藤秀夫，《教育の文化史（二）：學校の文化》（東京：阿吽社，二〇〇五年三月二十日）
- 岡本真希子，《植民地官僚の政治史：朝鮮、臺灣總督府と帝國日本》
- 周全盛主編，《南國的十字星：高雄中學八五週年校慶特刊》（高雄：高雄市立高雄高級中學，二〇〇七年十一月）
- 吳文星，《日據時期臺灣師範教育之研究》，國立臺灣師範大學歷史研究所碩士論文，一九八三年。
- 吳奇浩，《洋風、和風、臺灣風：多元雜揉的臺灣漢人服裝文化（一六二四—一九四五）》，國立暨南國際大學歷史研究所博士論文，二〇一二年。
- 吳濁流，《無花果》（臺北：前衛出版社，一九九六年三月初版九刷）
- 吳密察，《臺灣近代史研究》（臺北：稻鄉，一九九四年）
- 東方孝義，《臺灣習俗》（臺北：南天書局，一九九七年）
- 武內貞義，《臺灣》（第二冊）（改訂版）（臺北：南天書局，一九九六年八月二刷）
- 胡芳芳主編，《典藏北一女百年特刊》（臺北：臺北市立第一女子高級中學，二〇〇三年十二月）
- 高橋一郎等著，《ブルマーの社会史》（東京：青弓社，二〇〇五年四月十五日）
- 荒川久編輯，《御大典紀念台北市六十餘町案內》（臺北：世相研究社，一九二八年十一月十日）
- 島嶼柿子文化館，《臺灣小學世紀風華》（臺北：柿子文化，二〇〇四年三月初版）
- 曹永和總編輯，《臺北帝大的生活》（臺北：國立臺灣大學，一九九九年十一月初版）
- 校史編輯小組，《斑城八〇之雄女事》（高雄：高雄市立高雄女子高級中學，二〇〇五年）
- 黃秀政、張勝彥、吳文星，《臺灣史》（臺北：五南圖書出版股份有限公司，二〇〇二年九月初版二刷）
- 堀野竹松編輯，《創立廿五周年記念》（臺北市：臺北第一高等女學校校友會、臺北第一高等女學校同窗會，一九二九年十月三日）
- 陳正祥，《臺灣地誌上冊》（臺北：南天書局，一九九三年十月二版一刷）
- 莊永明總策劃，《臺灣世紀回味：生活長巷》（臺北：遠流，二〇〇一年六月）
- 國民精神總動員臺北州支部，《本島婦人服の改善》（臺北：國民精神總動員臺北州支部，一九四〇年二月十二日）
- 第三高等女學校八十五週年校慶紀念同學聯誼會，《臺北第三高等女學校創立八十五週年紀念回憶錄》（臺北：第三高等女學校八十五週年校慶紀念同學聯誼會，一九八二年十一月十二日）
- 森田政雄，《幸學報特輯：開校十五周年記念誌》（臺北：臺北第二高等女學校，一九三四年八月二五日）
- 褚苔伊、黃金美，《北一女百年影像》（臺北：臺北市立第一女子高中學，二〇〇五年）

- 薛化元，《臺灣開發史》（臺北：三民書局，二〇〇五年三月修訂二版四刷）
- 蘇碩斌，《看不見與看得見的臺北：清末至日治時期臺北空間與權力模式的轉變》（臺北：左岸文化，二〇〇七年十一月初版二刷）。
- 瀧澤佳奈枝，《日治時期台灣的技藝教育：以台北第三高等女學校為中心》，淡江大學日本研究所碩士論文，二〇〇五年。
- 臺灣總督府臺北師範學校附屬小學校研究部，《兒童の服裝に關する研究》（臺北：臺灣總督府臺北師範學校附屬小學校研究部，一九二二年七月二十日）
- 臺灣總督府編，《詔勅・令旨・諭告・訓達類纂》（臺北：成文出版社，一九九九年六月）
- 戴寶村，《臺灣政治史》（臺北：五南圖書出版股份有限公司，二〇〇六年十一月初版）

國家圖書館出版品預行編目資料

太陽旗下的制服學生 / 彭威翔著. -- 初版. -- 新北市 : 左岸文化出版 : 遠足文化發行, 201907　面；　公分. -- (紀臺灣)
ISBN 978-986-5727-90-1(平裝)
1.臺灣教育 2.教育史 3.日據時期
520.93　108005474

左岸文化　讀者回函

紀臺灣

太陽旗下的制服學生

作者・彭威翔｜責任編輯・龍傑娣｜編輯協力・林育薇、施靜沂｜校對・楊俶儻｜美術設計・徐睿紳｜出版・左岸文化 第二編輯部｜社長・郭重興｜總編輯・龍傑娣｜發行人兼出版總監・曾大福｜發行・遠足文化事業股份有限公司｜電話・02-2218-1417｜傳真・02-8667-2166｜客服專線・0800-221-029｜EMail・service@bookrep.com.tw｜官方網站・http://www.bookrep.com.tw｜法律顧問・華洋國際專利商標事務所 蘇文生律師｜印刷・凱林彩印股份有限公司｜初版・2019年7月｜定價・450元｜

本書獲國家文化藝術基金會 國|藝|會 NCAF 出版補助